Flann O'Brien wurde am 5. Oktober 1911 in Strabane, in der nordirischen Grafschaft Tyrone, geboren, und starb am 1. April 1966 in Dublin.

Brian O'Nolan oder Brian Ó Nualláin, wie Flann O'Brien von Geburt hieß, schrieb bereits in jungen Jahren seinen wohl berühmtesten Roman, *At Swim-Two-Birds*, und gilt als Mitbegründer der Postmoderne. Mit seiner täglichen Kolumne in der *Irish Times* avancierte er zum herausragenden Dubliner Intellektuellen und wurde zur lebenden Legende. Erscheinend unter dem nom de plume »Myles na gCopaleen« (Myles von den Pferdchen), avancierten O'Briens Auslassungen, oszillierend zwischen Weltpolitik und Nonsens, unmittelbar zum Gesprächsstoff in Dublin, heftig gezaust von Holzköpfen, gerne zitiert von Insidern, die sich mit dem Autor auf eine Stufe stellen wollten.

Seine geflügelten Bosheiten, die sein Werk durchziehen, sind von subtiler, leichter, absurder, komischer, anarchistischer Natur.

Die hier vorliegende Auswahl hat Anna Mikula zusammengestellt. In ihrem Nachwort stellt sie den vielseitigen Autor und Journalisten vor.

insel taschenbuch 3405
Flann O'Brien für Boshafte

Flann O'Brien
für Boshafte

Ausgewählt von Anna Mikula
Insel Verlag

Umschlagillustration: Till Runkel, Berlin

insel taschenbuch 3405
Originalausgabe
Erste Auflage 2009
© dieser Ausgabe Insel Verlag Frankfurt am Main und Leipzig 2009
Mit freundlicher Genehmigung des Verlags Kein & Aber, Zürich.
Alle Rechte vorbehalten, insbesondere das
des öffentlichen Vortrags sowie der Übertragung
durch Rundfunk und Fernsehen, auch einzelner Teile.
Kein Teil des Werkes darf in irgendeiner Form
(durch Fotografie, Mikrofilm oder andere Verfahren)
ohne schriftliche Genehmigung des Verlages reproduziert
oder unter Verwendung elektronischer Systeme
verarbeitet, vervielfältigt oder verbreitet werden.
Quellenverzeichnis am Schluß des Bandes
Vertrieb durch den Suhrkamp Taschenbuch Verlag
Umschlag nach Entwürfen von Willy Fleckhaus
Satz: Hümmer GmbH, Waldbüttelbrunn
Druck: Druckhaus Nomos, Sinzheim
Printed in Germany
ISBN 978-3-458-35105-4

1 2 3 4 5 6 – 14 13 12 11 10 09

Inhalt

Buchhandhabung

Neulich habe ich dem Haus eines frischverheirateten Bekannten einen Besuch abgestattet, und dieser Besuch gab mir zu denken. Mein Bekannter ist sehr vermögend und sehr vulgär. Als er sich darangemacht hatte, Bettstellen, Tische, Stühle und was nicht alles zu kaufen, kam ihm die Idee, auch noch eine Bibliothek anzuschaffen. Ob er lesen kann, weiß ich nicht, aber irgendeine primitive Beobachtungsgabe sagte ihm, daß die meisten Menschen von Rang und Ansehen jede Menge Bücher im Haus haben. Also kaufte er mehrere Bücherschränke und bezahlte einen schurkigen Mittelsmann dafür, sie mit neuen Büchern aller Art vollzustopfen, darunter einige sehr kostspielige Bände, welche die französische Landschaftsmalerei zum Thema hatten.

Ich bemerkte bei meinem Besuch, daß keins dieser Bücher je geöffnet oder angefaßt worden war, und erwähnte diese Tatsache.

»Wenn ich mich erst mal ein bißchen eingelebt habe«, sagte der Narr, »komme ich auch wieder dazu, etwas Lektüre nachzuholen.«

Und das gab mir zu denken. Warum sollte so ein wohlhabender Mensch sich die Mühe machen und so tun, als läse er überhaupt? Warum sollte da nicht ein professioneller Buchhandhaber auf den Plan treten und seine Bibliothek für Soundsoviel pro Regal angemessen zerzausen? So ein Mensch könnte, die nötige Qualifikation vorausgesetzt, ein Vermögen verdienen.

Lassen Sie mich erklären, was ich meine. Die Ware in einer Buchhandlung sieht völlig ungelesen aus. Anderseits sieht das Latein-Wörterbuch eines Schuljungen so gelesen aus, daß es fast in Fetzen fällt. Man weiß, daß das Wörterbuch vielleicht eine Million Mal aufgeschlagen und überflogen wurde, und wenn man nicht wüßte, daß es so etwas wie Ohrfeigen gibt, würde man folgern, daß der Junge völlig versessen auf Latein ist und es nicht erträgt, von seinem Wörterbuch getrennt zu sein. Ähnlich ist es bei unserem Schwachkopf, welcher möchte, daß seine Bekannten aus einem flüchtigen Blick in sein Haus schließen, er könne nur ein Intellektueller sein. Er kauft sich ein riesiges Buch über russisches Ballett, möglichst noch in der Sprache jenes fernen, aber schönen Landes abgefaßt. Unser Problem ist es nun, das Buch in angemessen kurzer Zeit so zu verändern, daß jeder, der es betrachtet, nur folgern kann, daß sein Besitzer damit mehrere Monate lang praktisch gelebt, gespeist und geschlafen hat. Nun können Sie, wenn Sie wollen, das Gespräch auf den Entwurf einer Maschine bringen, die, von einem kleinen, aber leistungsfähigen Benzinmotor angetrieben, jedes Buch in fünf Minuten »liest«, so daß das Äquivalent einer »Lese«-Zeit von fünf oder zehn Jahren durch einfachen Knopfdruck erzielt wird. Dies jedoch ist die billige, seelenlose Lösung, wie sie in unsere schnellebige Zeit paßt. Keine Maschine kann die gleiche Arbeit verrichten wie die sanften Finger eines Menschen. Der geübte und erfahrene Buchhandhaber ist die einzig wahre Antwort auf diese zeitgenössische soziale Frage. Was tut er? Wie arbeitet er? Was würde er berechnen? Wie viele Arten der Handhabung würde es geben?

Diese Frage und noch viele andere werde ich übermorgen beantworten.

Aus der Welt der Bücher

Ja, die Frage der Buchhandhabung. Vorgestern sprach ich über den Bedarf, den wir an einem professionellen Buchhandhaber haben, einem Menschen, der die Bücher analphabetischer, aber wohlhabender Emporkömmlinge so zaust, daß die Bücher aussehen, als seien sie von ihren Besitzern mindestens zweimal gelesen worden. Wie viele Arten des Zausens würde es geben? Ohne länger darüber nachzudenken, würde ich sagen: vier. Angenommen, man bittet einen erfahrenen Handhaber, die Handhabung eines Buchregals von vier Fuß Länge zu veranschlagen. Dann würde sich sein Kostenvoranschlag in vier Abteilungen gliedern:

Handhabung volkstümlich. Jeder Band wird gut und gründlich gehandhabt, davon pro Stück vier Blatt mit Eselsohren, sowie Straßenbahnfahrschein, Gepäckscheinabschnitt oder anderer vergleichbarer Gegenstand als vergessenes Lesezeichen beigelegt. Sagen wir 1 Pfund 7 Shilling Sixpence. Fünf Prozent Ermäßigung für Staatsbeamte.

Erstklassige Handhabung. Jeder Band wird vollendet gehandhabt, vier Blatt pro Stück mit Eselsohren versehen, in nicht weniger als 25 Bänden wird eine geeignete Passage mit Rotstift unterstrichen, und als vergessenes Lesezeichen bekommen alle Bände je eine Flugschrift über Victor Hugo in französischer Sprache. Das kommt dann 2 Pfund 17 Shilling Sixpence. Fünf Prozent Rabatt für Literaturstudenten, Staatsbeamte und Sozialarbeiterinnen.

Das Passende für jeden Geldbeutel

Das Großartige an diesen abgestuften Tarifen ist, daß niemand unwissend oder ungebildet erscheinen muß, nur weil er oder sie arm ist. Denn nicht jeder vulgäre Mensch, merken wir uns, ist wohlhabend, obwohl ich da einige ...

Wie auch immer. Wenden wir uns nun den aufwendigen Graden der Handhabung zu. Der folgende ist seinen Aufpreis voll wert.

Handhabung De Luxe. Jeder Band wird übel zugerichtet, die Buchrücken der kleineren Bände werden in einer Weise beschädigt, die den Eindruck entstehen läßt, sie seien in Brust- oder Hosentaschen herumgetragen worden, eine Passage in jedem Band wird mit Rotstift unterstrichen plus Ausrufungs- oder Fragezeichen am Seitenrand, ein altes Programm vom Gate Theatre wird jedem Band als vergessenes Lesezeichen beigelegt (drei Prozent Ermäßigung, wenn alte Programme des Abbey Theatre akzeptiert werden), nicht weniger als dreißig Bände werden mit alten Kaffee-, Tee-, Porter- oder Whiskeyflecken behandelt und nicht weniger als fünf Bände mit dem gefälschten Namenszug des Autors versehen. Fünf Prozent Rabatt für Bankfilialleiter, Landräte und Geschäftsführer von Betrieben mit nicht weniger als 35 Beschäftigten. Eselsohren werden auf Anweisung extra angefertigt;

2 Pence das halbe Dutzend pro Band. Wahlweise Preisliste für alte Pariser Theaterprogramme anfordern. Dieser Service ist nur für begrenzte Zeit im Angebot. Netto 7 Pfund 18 Shilling 3 Pence.

Bestellen Sie Ihr Exemplar schon jetzt

Die vierte Stufe ist die Superbe Handhabung, obwohl sie eigentlich nie so genannt wird; *Le Traitement Superbe* ist die weit üblichere Bezeichnung. Sie ist so superb, daß ich heute keinen Platz für sie habe. Sie wird nächsten Montag an dieser Stelle erscheinen, und um diesen Anlaß zu ehren, wird die *Irish Times* an jenem Tag auf handgeschöpftem antikem durchwirktem hadernhaltigem halbgerupftem extrafeinem niederländischem Papier gedruckt erscheinen, jedes Exemplar von mir persönlich signiert und mit einem exquisiten Bild des Old House in College Green in Drei-Farben-Steindruck-Technik als Beilage. Das mindeste, was Sie tun können, ist, Ihr Exemplar im voraus zu bestellen.

Und noch eine Bemerkung. Es genügt nicht, daß Sie Ihr Exemplar bestellen. Bestellen Sie es *im voraus*.

Man wird sich erinnern (wie, in drei Teufels Namen, hätte man es vergessen können?), daß ich letzten Freitag das Thema der Buchhandhabung behandelte, meinen neuen Service, der unwissende Menschen, die gern in den Verdacht geraten wollen, Leser zu sein, in die Lage versetzt, ihre Bücher in einer Weise handhaben und zausen zu lassen, daß der Eindruck entsteht, ihr Eigentümer sei ihnen zärtlich ergeben. Ich beschrieb drei Stufen der Handhabung und versprach zu erklären, was Sie in der vierten Abteilung erwartet: die Superbe Handhabung bzw. *Le Traitement Superbe*, wie wir Burschen sie nennen, die wir unsere Flitterwochen in Paris verbracht haben. Sie ist die teuerste von allen, sowieso, aber weit billiger als Schmutz, wenn Sie das hohe Maß an Prestige bedenken, das sie Ihnen in den Augen Ihrer lachhaften Freunde einbringen wird. Hier sind die Details:

Le Traitement Superbe. Jeder Band wird gut und wirklich und wahrhaftig gehandhabt, zuerst von einem qualifizierten Handhaber und dann von einem Meister-Handhaber, der auf nicht weniger als 550 Handhabestunden zurückblicken kann; geeignete Passagen in nicht weniger als fünfzig Prozent der Bücher werden mit roter Qualitätstinte unterstrichen, und am Rand wird eine angemessene Redensart aus der Liste s. u. beigefügt:

Quatsch!

Ja, allerdings!

Sehr wahr, sehr wahr!

Da bin ich aber ganz anderer Meinung.

Warum?

Ja, aber vgl. Homer, Od. III, 151.

Na, na, na.

Schon, aber Bossuet hat in seinem Discours sur l'histoire universelle den gleichen Nachweis geführt und viel gehaltvollere Erklärungen gegeben.

Unsinn, Unsinn!

Gut gegeben!

Aber *warum*, um Himmels willen?

Ebendies hat mir vor Jahren der arme Joyce gesagt.

Muß ich hinzufügen, daß man auch jederzeit spezielle und exklusive Redensarten anfordern kann? Der Aufpreis ist nicht sehr hoch, wirklich nicht.

Außerdem

Das ist natürlich noch nicht alles. Hören Sie sich dies an:

Nicht weniger als sechs Bände werden mit gefälschten Zuneigungs- und Dankbarkeitsbezeugungen vom Autor des betreffenden Werks versehen, z. B.:

»Für meinen alten Freund und Zunftkollegen A. B. in liebevoller Erinnerung von George Moore«, »In dankbarer Anerkennung der großen Freundlichkeit, die Du, lieber A. B., mir hast angedeihen lassen, sende ich Dir dieses Exemplar von ›Der güldene Krug‹. Dein alter Freund James Stephens«.

»Tja, A. B., wir sind beide nicht mehr die Jüngsten. Angeblich habe ich mich inzwischen zu einem ganz passablen Schriftsteller gemausert, aber ich bin immer noch nicht alt genug, die unendliche Geduld zu vergessen, die Du bewiesen hast, als Du meine jungen Füße auf dem Pfad der Literatur geleitetest. Nimm dieses Buch, und mag es noch so dürftig sein, entgegen, und glaube mir bitte, daß ich immer bleiben werde, was ich war und bin: Dein Freund und Bewunderer G. Bernard Shaw.«

»Von Ihrem ergebenen Freund und Jünger K. Marx.«

»Lieber A. B.: Deine unschätzbar wertvollen Vorschläge und Dein Beistand – die Freundlichkeit gar nicht zu erwähnen, die Du an den Tag legtest, als Du das gesamte 3. Kapitel umgeschrieben hast –, all das berechtigt Dich wie keinen andern zu diesem ersten Exemplar von ›Tess‹. Dein alter Freund T. Hardy.«

»Da ich mir das große Vergnügen, Sie persönlich zu besuchen, im Augenblick versagen muß, lieber A. B., sende ich Ihnen dieses Exemplar von ›The Nigger‹. Mir fehlt Ihre Gesellschaft mehr, als ich sagen kann ... (Unterschrift unleserlich)«

Man wird die Matschbirne, der dieses Buch gehört, bitten, folgenden Spruch unter die Zueignung zu schreiben (und ihm nötigenfalls zeigen, wie man das macht): »Der arme alte Conrad war gar nicht mal der Übelste.«

All dies hat länger gedauert, als ich dachte. Und es wird noch viel mehr geboten für die lumpigen 32 Pfund 7 Shilling Sixpence, die Sie die Superbe Handhabung kosten wird. In ein bis zwei Tagen hoffe ich, die alten Briefe erläutern zu können, die als vergessene Lesezeichen beigepackt werden, jeder einzelne ein exquisites Stück Fälscherkunst. Bestellen Sie Ihr Exemplar schon jetzt.

Buchbehandlung

Ich versprach, etwas mehr über den vierten – oder Superben – Grad der Buchhandhabung zu sagen.

Mein Kostenvoranschlag beinhaltet auch, daß nicht weniger als zehn Bänden gewisse alte Briefe beiliegen, offenbar vor Zeiten als Lesezeichen verwendet und lange vergessen. Jeder Brief wird die gefälschte Unterschrift irgendeines bekannten Windbeutels tragen, der mit Ballett, Verseaufsagen, Volkstanz, Holzschneiderei oder einer ähnlichen Betätigung befaßt ist, die so frei von festen Regeln ist, daß sie die Schwachköpfe in ganzen Schwärmen anzieht. Jeder Brief wird eine makellose Fälschung sein und A. B., dem Besitzer des Buches, für sein »sehr freundliches Interesse an unserer Arbeit« danken, wird Bezug nehmen auf seine »unschätzbaren Ratschläge und Belehrungen«, sein »beispielloses Wissen« um die Spielregeln des Hupfdohlenwesens, die »kundige und geduldige Art, mit der er das *corps* am Montagabend führte«, wird ihm für seine so großzügige – zu großzügige – Subskription in Höhe von zweihundert Guineen danken, »die ich mehr zu würdigen wußte, als ich sagen kann«. Als aktueller Anreiz wird ein zusätzlicher Brief beigelegt – kostenlos. Er wird unterzeichnet sein (oder doch zumindest diesen Eindruck erwecken) von dem einen oder anderen jungen Ausländer der lärmenderen Sorte, welche unser schönes Land mit ihrer Anwesenheit beehren. Das wird den halbherzigen Ehrgeiz der meisten respektablen Plebejer befriedigen und sie dazu bringen, ihre Filiale an jener etwas verstopften Verkehrsader, die man die Straße ins Verderben nennt, nicht zu schließen.

Den Herren, die sich mit mir im Dubliner Kulturbund zusammengeschlossen haben, ist klargeworden, daß jetzt nicht die Saison dafür ist, von einfachen Menschen durch das Medium des kunstinfizierten Bettelbriefs Bargeld zu ernten, und sie weiden nun auf unverbrauchten Matten. Unsere neueste Schiebung ist der Myles-na-gCopaleen-Buchklub. Treten Sie ihm bei, und ersparen Sie sich die nervzermürbende Plackerei, die damit verbunden ist, wenn man sich seine Bücher selbst aussucht. Wir nehmen Ihnen die Auswahl ab, und wenn Sie das Buch bekommen, ist es *vor*-gelesen, d. h. bereits durch die Hände unserer erfahrenen Handhaber gegangen, und das ohne Aufpreis. Sie ersparen sich die Mühe, es zu besudeln und zu zerknittern, damit Ihre Freunde glauben, Sie könnten lesen. In unregelmäßigen Abständen gibt es für Mitglieder, die gern ein Gespräch wie das folgende führen, auch ein Buch, das auf dem Index steht –:

»Sag an, Alter, hast du diesen Reißer schon gelesen?«

»Da bin ich mir gar nicht mal so sicher.«

»Es steht nämlich auf dem Index, mein Guter.«

»Oha.«

Und das alles ohne den üblichen Unsinn; Sie brauchen kein Formular auszufüllen, keinen Prospekt anzufordern oder ähnlich Ärgerliches zu tun. Sie schicken uns einfach Ihre 21 Shilling, und schon nehmen Sie teil an diesem großen kulturellen irischen Volksaufstand.

Unser neuer Service

Wir bekommen viele Briefe von vermöglichen Menschen, *die keine Bücher haben*. Trotzdem wollen sie, daß man sie für gebildet hält. Sie fragen an, ob wir ihnen helfen können.

Natürlich. Niemand soll glauben, nur Buchbesitzer wären schlau. Die Myles-na-gCopaleen-Patent-Eskorte ist die Antwort.

Warum ein blöder Blindgänger sein? Werden Sie von Ihren Bekannten gemieden? Gehen die Leute auf die andere Straßenseite, wenn sie Sie kommen sehen? Rennen die Leute in wildfremden Häusern die Treppe hoch, behaupten, sie wohnten dort, und verschaffen sich gewaltsam Zutritt ins Vestibül, wenn Sie vorbeikommen? Wenn Sie diese Art Mensch sind, müssen Sie heute noch den neuen Service nutzen. Andernfalls könnten Sie genausogut auch tot sein.

Unser neuer Service (Erläuterung)

Und so kam es dazu. Seit einiger Zeit wird der Kulturbund von einer Horde arbeitsloser Bauchredner belagert, die uns um einen Job anflehen. Diese Herren sind nun sorgfältig ausgebildet und zu einem Corps formiert, welches in diesem neuen Begleit-Service tätig sein wird.

Nehmen wir einmal an, Sie sind eine Dame und so komplett dämlich, daß sich die Hunde auf der Straße weigern, Sie anzuknurren. Sie rufen beim Kulturbund an und erklären Ihren Kummer. Sie sind entzückt, wie geduldig und mitfühlend man Ihnen zuhört. Man trägt Ihnen auf, daß Sie sich noch am selben Abend im Foyer des Gate Theatre einfinden und dort nach einem hochgewachsenen, vornehm wirkenden Herrn mit militärischer Körperhaltung Ausschau halten sollen, der einen makellosen Abendanzug trägt. Sie gehen hin. Sie sehen ihn. Lächelnd kommt er auf Sie zu, ohne auf all die anderen hübschen Käfer zu achten, die sich dort breitmachen. Einen Augenblick später bürstet sein Schnurrbart Ihre Lippen.

»Ich habe Sie doch nicht warten lassen, Lady Charlotte«, sagt er liebenswürdig. Was für eine entzückend tiefe männliche Stimme!

»Überhaupt nicht, lieber Graf«, antworten Sie, und Ihre Stimme ist das Geklingel silberner Glöckchen. »Und ein solcher Abend für Ibsen. Man ist in der richtigen Stimmung, irgendwie. Eine Übersetzung kann natürlich nie ganz dasselbe sein. Erinnern Sie sich an jene Nacht … in Stockholm … damals?«

Das Geheimnis

Die Sache ist natürlich die, daß Sie sich gehütet haben, irgend etwas zu sagen. Ihre einzige Sorge soll während des ganzen Abends sein, daß Sie den Mund halten, und zwar gründlich. Ihr geschulter Begleiter beantwortet seine eigenen männlichen Fragen mit einer Stimme, die viel angenehmer ist als Ihr eigenes unfeminines Gequake, und er gibt Antworten, die die Leute hinter Ihnen durch ihre Brillanz und ihr Gefunkel in Erstaunen versetzen werden.

Es gibt natürlich solche und solche Begleiter; das hängt ganz davon ab, wieviel Sie lockerzumachen bereit sind. Wollen Sie Ihren Begleiter in einem literarischen Streitgespräch während der Pause auspunkten? Weitere Informationen über unseren fesselnden neuen Service in diesem Blatt.

»Wirklich Spitze, Godfrey, daß ich dich hier im Theater treffe!«

»Ja, freut mich auch. Ehrlich.«

»Was hast du so in letzter Zeit getrieben?«

»Ich bin endlich mal wieder ein bißchen zum Lesen gekommen.«

»Na, bravo. Am Ball bleiben. Die ganze Richtung.«

»Ja, ich hab' jede Menge Bücher über Bali gelesen, weißt du.«

»Ballett verzaubert mich immer wieder. Magst du Petipa?«

»Da bin ich mir nicht so sicher, aber sie scheinen eine vollständige eigene Kunst entwickelt zu haben, weißt du. Ihr Sinn für *décor* und ganz allgemein ihr Gefühl für die Plastik sind einfach unglaublich.«

»Ja, der gute, alte Dérain hat ihnen da schrecklich gute Arbeit geleistet; das war, glaube ich, für das Spectre. So irgendwie monochrom, weißt du.«

»Aber ihr Gefühl für Material ist so profund und ... beinahe lastend. Man denkt unwillkürlich an Courbet.«

»Ja, oder Ingres.«

»Oder Delacroix, meinst du nicht?«

»Unbedingt. Hast du die Karsavina gelesen?«

»Natürlich.«

»Natürlich, wie dumm von mir. Ich habe sie neulich gesehen, weißt du.«

»Ach, ich wußte gar nicht, daß sie auch Balinesin ist.«

»Balinesin? Was meinst du damit?«

»Aber ...«

»Aber ...«

Erklärung

Dieses lächerliche Gespräch fand vor kurzem in einem irischen Theater statt. Das Zeug wurde mit lauter Stimme vorgetragen, damit es jeder hören konnte. Es war nur eine der vielen Hochleistungen des Kulturbund-Begleiter-Service. Man kann die Horde ausgebildeter Bauchredner jetzt überall in der Stadt und in den Salons von ebenso wichtigen wie unwissenden Menschen hören, wo sie ihre Ein-Mann-Konversationen aufführen. Kennen Sie jetzt das System? Wenn Sie sehr dumm sind, mieten Sie einen unserer Bauchredner, und er wird Sie in die Öffentlichkeit begleiten und absolut das gesamte Gespräch übernehmen. Die schlauen Antworten, die Sie allem Anschein nach geben, werden Sie ebenso verblüffen wie die Menschen ringsum.

Das von mir zitierte Gespräch ist eins der teuersten auf der ganzen Preisliste. Sie werden bemerkt haben, daß es ein ernstes Mißverständnis enthielt. Stellen Sie sich doch nur mal meinen Scharfsinn vor: Ich lasse den Bauchredner mißverstehen, was er selbst sagt! Begreifen Sie meine List, meine doppelte Doppelzüngigkeit, mein Spiel mit der Ignoranz und der Leichtgläubigkeit! Ist es ein Wunder, daß ich die Banklaufbahn eingeschlagen habe?

Patentrezepte I

Der Artikel, der hier heute abgebildet ist (hätten Sie's gewußt?), ist ein Schneemesser. In Irland gibt es gegenwärtig nur sehr wenige. Er ist aus Kupfer, und er besteht aus einem Trichter oder Auffangrohr für den Schnee, welches sich inwendig erweitert, dann achtzehn Fuß weit nach unten führt und dem Schnee gestattet, in eine darunter angebrachte Pfanne zu fallen. Ein Gehäuse, das mit heißem Wasser beheizt wird, umgibt den Schneemesser und wird zum Schmelzen des Schnees verwendet. Durch diese Anordnung kann der Schnee nicht entweichen; er schmilzt und läuft in den Eimer (unten), wo er genau gemessen werden kann.

»Und nun?« werden Sie sagen. Ich werde Ihnen sagen, was nun. Es ist ein großer Vorteil damit verbunden, einen Schneemesser auf dem Gelände zu haben. Nehmen wir einmal an, irgendein mondgesichtiger junger Mensch, welcher Proust liest, lungert bei Ihnen herum und schwatzt über Kunst, Leben, Liebe und so weiter. Bestimmt beherrscht er ein paar Sätze französisches Gewäsch, die er in passenden Intervallen sorgsam hervorkramt, so, wie man einer Geldbörse Münzen entnimmt. Unweigerlich wird der Tag kommen (selbst wenn Sie viele Jahre auf ihn warten müssen), an dem er aufseufzt und sagt:

»*Mais où sont les neiges d'antan?*«

Hier liegt Ihre Chance. Hier können Sie sich voll ins Zeug legen. Packen Sie den Dummkopf beim Genick, marschieren Sie mit ihm zum Schneemesser hinaus, und rufen Sie:

»Im Eimer, Sie Narr!«
Ich wette, danach geht es Ihnen ganz schön gut.

Nachdem ich die Angelegenheit in – natürlich all ihren Aspekten betrachtet habe, bin ich zu der Ansicht gekommen, daß es keine Entschuldigung für Lyrik gibt. Lyrik zahlt sich in Geld nicht angemessen aus, ist wegen der durch ihre Form bedingten Platzverschwendung teuer im Druck und verkündet fast immer illusorische Lebenskonzepte. Aber ein noch besseres Argument für ein Verbot aller Lyrik ist die simple Tatsache, daß die meiste Lyrik schlecht ist. Niemand wird tausend Tonnen Marmelade herstellen, weil er erwartet, daß vielleicht fünf Tonnen davon eßbar sind. Außerdem hat Lyrik auf die unerhebliche Handvoll ihrer Leser den Effekt, sie ihrerseits zum Schreiben von Lyrik zu stimulieren. Ein Gedicht, weit genug verbreitet, wird vielleicht eintausend mindere Exemplare hervorbringen. Der gleiche Einwand kann nicht auf dem Gebiet der Malerei oder Bildhauerei geltend gemacht werden, da diese Beschäftigungen Arbeitsplätze für Handwerker schaffen, welche die Materialien herstellen. Darüber hinaus sind Dichter gewöhnlich unangenehme Menschen, die arm sind und ständig darauf bestehen, jenes unglaublich langweilige Thema, »Bücher«, zu erörtern. Sie werden weiter oben bemerken, daß ich die Redewendung »illusorische Lebenskonzepte« verwendet habe. Wenn Sie sie sorgfältig untersuchen, werden Sie bemerken, daß sie ohne jede Bedeutung sind, aber so was ist ja völlig unwichtig. Dichter sind unwichtig, und ein bißchen sinnloses Gerede hier und da ist ebenfalls unwichtig. Wichtig sind Essen, Geld und Gelegenheit, seine Feinde zur Sau zu machen. Man gebe einem Mann diese drei Dinge, und schon wird man nicht mehr viel Geplärre von ihm zu hören kriegen.

Langweiler

Die Sorte Langweiler, die zu definieren ich in jüngst gemachten Aufzeichnungen versucht habe, ist ein geborener und reiner Langweiler; andere Menschen zu langweilen ist seine einzige Beschäftigung, Freude, Entspannung. Keinem Gedanken an Gewinn würde er es gestatten, seine »Kunst« zu besudeln; tatsächlich sind viele darauf gefaßt, Geld zu verlieren – Getränke zu *spendieren* –, wenn sie eine gute Gelegenheit sehen, ihre fluchvolle Berufung mit Leben zu erfüllen. Lassen Sie mich ein paar weitere Beispiele geben. Kennen Sie Den Mann, Der Es Im Manuskript Gelesen Hat? Ich will es erläutern.

Sie sind ein literarisch interessierter Mann, Sie gehen nie aus; alles, was Sie wollen, ist, bei Ihren geliebten Büchern in Frieden gelassen zu werden. Aber Der Mann kommt zu Besuch. Eine zwanglose Konversation beginnt. Der Mann starrt und stochert in Ihren Privaträumen herum. Sie sind von einem Buch angetan, das Sie vor kurzem gelesen haben, würden gern die Meinung anderer Menschen dazu einholen, also, unschuldig genug, fragen Sie:

»Übrigens, haben Sie *Victorian Doctor* gelesen?«

»Nie von gehört«, sagt diese Pest.

»Ausgesprochen interessantes Buch«, sagen Sie. »Alles über den Vater von Oscar Wilde; vermittelt ein sehr gutes Bild vom Leben in Dublin, wie es damals war . . .«

»Ach, *das*?« sagt der Langweiler und hat Ihnen überaus lässig den Rücken zugekehrt, während er sich an ein paar persönlichen Dokumenten auf Ihrem Schreibtisch zu schaffen macht. »Ah ja, das hab' ich gelesen. Eigentlich wollte er das Buch anders nennen; war mir entgangen, daß es unter dem Titel herausgekommen ist. Ich hab's übrigens im Manuskript gelesen.«

So gewährt man Ihnen einen kleinen Blick auf den anonymen Berater, Kritiker, Beichtvater und Weihnachtsmann von Literaturschaffenden.

»Haben Sie je *Warren Peace* von T. Allstoy* gelesen?« erkundigen Sie sich.

»Ah ja, ich hab' das Ding vor Jahren im Manuskript gelesen. Ist es schon herausgekommen?«

Sehen Sie? Grrrhhhhhh!

In New Yorks Manhattan lebt, wo es am nobelsten ist, der blonde, lächelnde, stämmige James Keats, Nachkomme des berühmten Poeten John. Selbst kein großer Verehrer der Poesie, ist James Keats Generaldirektor des millionenschweren »Manhattan Cheeses«-Konzerns und rangiert im Gallup-Quiz der Zehn Fähigsten Amerikanischen Top-Manager als die Nummer drei. James lebt zurückgezogen mit schlanker, brünetter, attraktiver Frau Anna, weiß alles, was es über Käse zu wissen gibt, und ist wie sein hochrangiger Vorfahr zu Scherzen aufgelegt. Gern erzählt Frau Anna, wie er sie einst zum Boxmatch Louis gegen Baer mitnahm.

»Er saß einfach da und brüllte: ›Camembert, Camembert!‹« (»Come on, Baer, come on, Baer!«)

Wenn der Witz Sie nicht interessiert, ziehen Sie Amüsement aus dieser spaßigen Art, Englisch zu schreiben? Sie ist sehr smart und up to date. Sie wurde von Amerikas

---

* *Kriech' in Frieden* von T. Holztheu

glattem Hochglanzmagazin *Time* erfunden und von Lohn-schreibern in jedem Land kopiert. Für ein Geringes schreibe ich auch so, jeden Tag, auf Irisch wie auf Englisch. Denn diese Art zu schreiben ist straff, sinnig, hart, seh-nig, kompakt, informativ, sachlich, muskulös, abgespeckt, smart, modern, spröde, verchromt, helle, flexibel, omni-spektrisch.

Ich bin beschämt und erstaunt, in all meinen Schriften – und es versteht sich wie von Selbach*, daß viele meiner Schriften tatsächlich etwas ganz Besonderes sind – bisher noch nicht auf den P. S.-Wahnsinnigen eingegangen zu sein. Es ist ihm absolut unmöglich, einen Brief ohne Postskriptum zu schreiben, und das Postskriptum muß auch dann noch mit hinein, wenn der Schreiber nichts wie auch immer Geartetes hinzuzufügen hat. Und wo das Postskriptum doch einen Sinn hat, da liegt das Leiden darin begründet, daß man überhaupt ein Postskriptum daraus macht, anstatt es in den Brief als solchen einzubetten.

»Lieber Tom: Vielen Dank für die Bücher, welche wohlbehalten eingetroffen sind. Am Dienstag fahre ich für zwei Tage nach Cork und rufe Dich an, wenn ich wieder da bin.   Dein Jack

P. S. Am Sonnabend habe ich Deinen Bruder beim Pferderennen gesehen, es ist mir aber nicht gelungen, mit ihm zu sprechen.   J.«

»... goes without Synge ...«

Das ist eine der Spielarten von Nutzlosigkeit, und Sie sind damit so vertraut wie ich. Oder wie oft haben Sie dies schon gesehen:

»Lieber Tom: Die Bücher sind wohlbehalten eingetroffen, und ich bin Dir für ihre Übersendung sehr verbunden. Ich werde sie so bald wie möglich zurückschicken.
Mit freundlichen Grüßen, Dein Jack

P. S. Ich hoffe, alle in Nummer acht sind *Deo volente* der Grippe entronnen. May klagte am Sonnabend, aber heute geht es ihr wieder gut.   J.«

Bitte beachten Sie, daß der lächerliche Nachtrag immer mit Initialen versehen und auf diese Weise authentifiziert wird. Als wollte irgend jemand die Autorschaft anzweifeln. Damen verwenden das P. S. oft als Mittel für einen scheuen und ziemlich (?) charmanten Ausfall.

»Lieber Tom: Nur zu gern gehe ich mit Dir auf den Tanz am Dienstag.   ›Betty‹

P. S. Danke, daß Du mich gestern, als wir uns in der Dame Street trafen, ignoriert hast. – B.«

Ja-ha! Das P. S. kann jedoch auch ein legitimes Amt im Handwerk der literarischen Ungezogenheit ausüben.

Ein Beamter bekam einst von seinen Vorgesetzten einen Brief, der ungefähr lautete wie folgt:

»A Chara: Es ist zu unserer Kenntnis gekommen, daß Sie, als Sie Ihre Reisekostenabrechnung einsandten, eine Summe in Höhe von £ 7 10 s für einen Mietwagen von Ballymick nach Ballypat aufführten. Die Entfernung zwischen diesen beiden Punkten beträgt 2 ½ Meilen Luftlinie. Ich erlaube mir, um eine unverzügliche Stellungnahme zu o. a. Posten zu bitten.«

Unser Mann schreibt zurück:

»A Chara: In Erwiderung auf Ihre geschätzte Auflistung (Betr.-Nr. XZ 86231/Zb/600/7/43) vom 4. huius drängt es mich, Sie davon zu unterrichten, daß ein tiefer und nicht schiffbarer Fluß die Städte Ballymick und Ballypat voneinander trennt und Reisende gezwungen sind, sich mit einem Kfz fünfzehn Meilen stromaufwärts zu verfügen, wo sich die einzige Brücke befindet, die eine Überquerung ermöglicht.   Mise, le meas,
                                                    Seán O'Pinion

P. S. Ich bestehe nicht aus Luft.   S.O'P.«

Wenn ich in dieser Richtung eine Schwäche hätte, würde ich mir einen geheimnisvollen literarischen Schnörkel ausdenken, der als das Anteskriptum bekanntwerden müßte.

»A. S. Was ist eigentlich mit dem Fünfer, den ich Dir 1917 geliehen habe? M. na gC.
    Lieber Tom: Die Bücher, die Du mir freundlicherweise geschickt hast, haben allem Anschein nach nicht die Billigung der königlichen Zensurbehörde gefunden, und ich

kann sie deshalb keiner eingehenden Prüfung unterziehen. Glaube mir bitte, mein lieber Tom, und sei gegrüßt von Deinem alten

M. na gC.«

So in der Art.

Oder man gleitet ins andere Extrem. Man beginnt mit dem kürzesten Brief der Welt –

»Lieber Tom: Danke. Dein M. na gC.«

– und schreibt dann ein P. S., das sich über 20 beidseitig beschriebene Blätter hinzieht und bis zum Briefkopf auf Seite 1 zurückkommt –; Hegel, Nietzsche, Emerson, Gide, Beethoven, Suarez –: die ganzen Burschen werden mit hochtrabendem Gewäsch zu Paaren getrieben und ordentlich vorgeführt.

Was kann man, so frage ich mich, zu den grausigen Geschöpfen sagen, die dem P. P. S. verfallen sind? Ich meine, in einer Zeitung sagen, die für die ganze Familie bestimmt ist?

»P. S. Hoffe, in Nummer acht geht es allen Ia.   J.

P. P. S. May läßt Bella grüßen und kommt *Deo volente* am Dienstag selbst mal vorbei.   J.«

Das einfache irische Volk: Wir werden schreiben, was wir wollen.

Ich: Wie bitte?

Das einfache irische Volk: Wir werden in unseren ureigensten persönlichen Briefen schreiben, was wir wollen.

Darauf werde ich nichts erwidern; ich möchte niemanden kränken, egal, wes (und ob eines) Geistes Kind er ist, aber ich hoffe doch, daß man sich meine Bemerkungen zu Herzen nehmen, merken, notieren, überlegen und auf dem Konto des Gedächtnisses gutschreiben wird.

P. S. Hoffentlich erreicht Sie dies, wie es mich verläßt, nämlich in Hochform. M. na gC.

Als ich neulich abends nach Hause kam, war ich in einer merkwürdigen Stimmung. Ich fühlte mich ... alt. Alter und Leistung haben wie Brandy eine Milde und doch auch eine gewisse Mattigkeit an sich. Meine Tochter war im Nebenzimmer, summte vor sich hin und setzte sich den Hut auf. Ich rief sie.

»Hallo, Bella. Setz dich bitte einen Moment zu mir.«

»Gern, Daddy. Was ist los?«

Ein langes, wäßriges Starren aus dem Fenster. Die Pfeife wird hervorgezogen und umständlich in Betrieb gesetzt.

»Bella ... Wie alt bist du?«

»Neunzehn, Daddy. Warum?«

Eine weitere beängstigende Pause.

»Bella, wir kennen uns nun schon ziemlich lange. Neunzehn Jahre. Ich weiß noch, wie du ganz klein warst. Du warst ein liebes Kind.«

»Ja, Daddy.«

Noch mehr Verlegenheit.

»Bella ... Ich war dir doch ein guter Daddy, oder? Zumindest habe ich es versucht.«

»Du bist der beste Daddy der Welt. Was versuchst du mir denn nun eigentlich zu *sagen*?«

»Bella ... Ich möchte dir etwas sagen. Ich bin ... Ich habe eine Überraschung für dich. Bella ... Bitte denke jetzt nicht schlecht von mir, aber ... aber ... aber, Bella ...«

Mit einem erstickenden Geräusch ist sie aufgesprungen und hat ihre Arme um mich geschlungen.

»Oh, Daddy, ich weiß es, ich weiß es! Ich weiß, was du sagen willst! Du ... Du bist gar nicht mein Daddy. Du hast mich eines Tages gefunden ... als ich noch ganz klein war ... als ich ein winziges Baby war ... und hast mich mit nach Hause genommen ... und für mich gesorgt ... und auf mich aufgepaßt ... und jetzt stellst du fest, daß du mich all die Jahre geliebt hast ...«

Mit einem Schrei war ich auf den Beinen. Bald raste ich die Straße hinunter und zu unserem Kino, wobei ich in der Hosentasche die altmodische Mauser umklammert hielt, ein Geschenk von Hamar Greenwood, weil ich ein paar Aufträge für ihn erledigt habe, als das weder profitabel noch populär war. Ich erreichte das Kino und verlangte den Geschäftsführer zu sprechen. Bald erschien der liebenswürdige Grobian mit seinen rosa Hängebakken und lud mich in sein privates Büro ein. Sehr kurz darauf krachten zwei Schüsse, und ich hoffe ernstlich, daß ich Gelegenheit erhalte, den Geschworenen zu erklären, daß ich meiner Tochter lediglich den Vorschlag machen wollte, mir als Familienvater, der jahrelang geschafft und gerafft habe, um andere im Luxus leben zu lassen, stünde es allmählich zu, von der Erniedrigung, die es bedeute, wenn man sich selbst die Hosen bügele, befreit zu werden.

Warum Stühle? Man bedenke, daß der Mensch vor den Möbeln erschaffen wurde. Deshalb wurde er geschaffen, auf daß er auf dem Fußboden sitze. Wenn er es heutzutage ungemütlich findet, auf dem Boden zu sitzen, kann man folgern, daß der menschliche Körper durch Tausende von Generationen schurkischer Stühlebauer modifiziert und geschwächt wurde. Frauen wurden in unserer Zeit durch hohe Hacken verändert. Zwischen hohen Hacken und Stühlen ist die Sorte von Leuten, der man sich nur behutsam nähert. Aber ich werde Ihnen was sagen. Kein Stuhl der Welt kann sich in seiner widrigen Wirkung auf den Menschen mit einem Stuhl messen, der von diesen Amerikanern erfunden wurde. Ich meine den elektrischen Stuhl. Man möchte nicht auf so einem Stuhl sitzen, und wenn es das Leben gälte. (Ja, ich weiß. In einem abgelegenen Teil des Gefängnisses verdüstern sich die Lampen für einen Augenblick; Wallace Beery wirft unter seinen zottigen Brauen hervor Tyrone Power einen Blick zu – beide tragen die Kleidung von Lebenslänglichen in jenem Großen Haus – und murmelt: Yeah, jetzt haben sie Joe drangekriegt. Sie haben Joe fertiggemacht, Kleiner. Joe war ein toller Bursche. Ich muß hier raus.) Und dann der verdammte Suchscheinwerfer auf der Gefängnismauer, das Gestotter der Tommy Guns von der Firma Thompson, dann der Ausbruch, AUSBRUCH ...

Das einfache irische Volk: Hinaus in den Dschungel, mein lieber Mann! Menschenfresser und Klapperschlangen und Schweine, so groß wie Kühe, mit ihren riesigen vorstehenden Hauern! Das schaffen sie nie!

Ich: Und selbst wenn sie es schaffen. Mal angenommen,

sie schaffen es bis zur Küste, was dann? Das mit Haien verseuchte Meer um die Kleinen Sunda-Inseln!

Das einfache irische Volk: Und dann die Männer mit Motorbooten, die mit Tommy Guns auf sie losballern!

Ich: Oha.

Begleiter

Der Ärger mit den Begleitern

Der Verdruß, den ich vor ein paar Tagen erwähnte, begann so. Eine etwas einfältige junge Dame mietete sich jemanden, den sie für einen echten Kulturbund-Begleiter gehalten hatte, und ging mit ihm ins Gate Theatre. Vor dem Stück und während der ersten Pause waren Dutzende von Lauschern von der Sprödigkeit verblüfft, mit der in dieser Ein-Mann-Konversation Hieb um Hieb mit elegantem Gegenhieb pariert wurde. Die Dame selbst, die kaum wußte, wie man sich auf eigene Faust einen Haferbrei bestellt, war von der außerordentlichen Stille entzückt, welche die hitzige Gesprächsführung ihres Gefährten hervorrief. Ganz plötzlich sagte er laut:

»Übrigens, altes Mädchen, gehört das Kleid, das Sie heute abend anhaben, Ihrer alten Dame?«

Gleichzeitig fand die unglückliche Kundin eine vorgedruckte Karte, die ihr unter die Nase geschoben worden war. Der Text lautete:

»Sehen Sie sich nicht um, bewegen Sie sich nicht, und rufen Sie nicht die Polizei. Wenn Sie nicht auf der punktierten Linie unterzeichnen, daß Sie mir für heute abend einen zusätzlichen Fünfer springen lassen wollen, werde ich bejahend antworten und fortfahren, indem ich mich über Ihre armselige Kesselflickerbluse auslasse. Spielen Sie mit, und niemand kommt zu Schaden. Seien Sie auf der Hut! Gezeichnet Der Schwarze Schatten.«

Das arme Mädchen hatte natürlich keine andere Wahl,

als den dargebotenen Bleistift zu ergreifen und ihren Namen zu kritzeln. Sofort war zu hören, wie sie mit ihrer froh funkelnden Stimme sagte:

»Wirklich, Godfrey, das ist das erste Mal, daß ich zweimal dasselbe Kleid trage; du bist aber auch zu drollig! Heutzutage muß man sehen, daß man vierzig Guineen etwas länger streckt, schon mal den Gürtel enger schnallt, die ganze Richtung.«

Es kommt noch schlimmer

Nach der Vorstellung kam es im Foyer zu einer außergewöhnlichen Szene. Der Gatte der Dame kam, um sie abzuholen, und unverzüglich wurde ihm der Schuldschein des »Begleiters« präsentiert. Die Forderung – £ 5,– aus heiterem Himmel! – ließ sein Gesicht die Farbe in Kriegszeiten gebräuchlichen Brots annehmen. Brüllend forderte er von seiner Frau eine Erklärung. Ströme von Tränen und Gestammel waren alles, was sie herausbrachte. Dann fuhr der Gatte den Begleiter an und brandmarkte ihn als einen, der seine Beutezüge auf Kosten wehrloser Frauen unternehme, als Wucherer und Erpresser der dunkelsten Schattierung.

»Und Sie da drüben mit dem Whiskey-Gesicht«, fügte er, offenbar an ein bekanntes und angesehenes Mitglied der Jurisdiktive gewandt, hinzu, »Sie mag ich auch nicht, und ich hätte nicht übel Lust, Ihnen den roten Hals zu brechen!«

Der verblüffte Rechtsgelehrte (nicht, daß er ein Jota weniger verblüfft gewesen wäre als der erregte Gatte) wechselte ebenfalls die Farbe (Zigarrenasche) und lief auf der Suche nach einem Polizisten auf die Straße hinaus. In seiner Abwesenheit begann der Gatte, die Frau eines weiteren Umstehenden zu beleidigen und ihren Gefährten herauszufordern – »Du traust dich ja doch nicht!« –, er solle ihn, den Gatten, schlagen. Dieser Wunsch wurde, kaum geäußert, schon erfüllt. Der unauffällige »Schwarze Schatten« eilte ritterlich herbei, hob die hingestreckte Gestalt auf und entzog während dieses Vorgangs ihren Taschen gewandt alles, was aus Silber gefertigt war, sowie Banknoten. Es war ein geläuterter Krieger, welcher zum gegebenen Zeitpunkt den Armen des vom Regen glitzernden Polizisten überantwortet wurde.

Dies ist, ich brauche es kaum zu sagen, nur ein Anfang. Fürchterliche Schandflecken für unsere Zivilisation sollten noch folgen.

Diese Begleiter

Lassen Sie mich noch ein paar Details über den Verdruß mit den Begleitern anfügen. Als allgemein bekannt wurde, daß es einem Mann, der nicht dem Kulturbund angehörte, gelungen war, einem Kunden durch Drohungen eine Fünf-Pfund-Note zu entsteißen, betraten Horden skrupelloser Bauchredner den Schauplatz und verwandelten unsere Theaterfoyers in eine Wildnis aus falschen Stimmen, ungesagten Bemerkungen, anonymen Beleidigungen, Reden ohne Redner und skandalösen Äußerungen, die keinen bekannten Äußerer hatten. Jede zweite Person trug eine leere, verblüffte Miene zur Schau, da sie gerade einen Fremden mit einer unverlangten Beleidigung bedacht oder, vielleicht, eine solche entgegengenommen hatte. Natürlich wurden Schläge ausgetauscht. Von unschuldigen Besuchern vom Lande, die zum ersten Mal ins Theater gingen und sich der Lage nicht bewußt waren, konnte kaum erwartet werden, daß sie sich den brutalen Spott irgendeines harmlosen Anwesenden bieten ließen. Oder es war genau umgekehrt. Der erste Eindruck, den der Besucher von unseren intellektuellen Theatern gewann, war nur allzuoft ein Schwinger in die Magengrube, der Preis für irgendeine fürchterliche Bemerkung, die man von ihm gehört hatte, als er zur Tür hereinkam.

Geübte Theaterfreunde haben sich angewöhnt, auf jene beinahe nicht wahrnehmbare kleine Pause zwischen der echten Antwort auf eine Frage und dem unechten Addendum eines übelgesinnten Bauchredners zu lauschen. Folgendermaßen:

»Zigarette gefällig?«

»Danke nein (Pause), Sie papageienkralliger, drosselschnäbliger, taubenbrüstiger Clown!«

»Gefällt Ihnen das Stück, Miss Plug? (Pause) Ich frage nur aus Höflichkeit, denn daß eine analphabetische Schlampe wie Sie sich eine Meinung zu welchem Thema auch immer anmaßt, ist mehr, als ich zu verstehen vermag!«

»Der erste Akt war richtig Spitze, fand ich. (Pause) Sie haben Ei auf dem Schlips, Sie Schwein!«

Und so weiter, wie ich leider sagen muß.

Viele ziehen es heutzutage vor, während der Pausen im Zuschauerraum zu bleiben. Sie haben eine Todesangst vor dem, was ihnen entfahren könnte, wenn sie sich hinausbegäben, um ein wenig Luft zu schnappen. Das bedeutet natürlich, daß sie sich mit den leiseren und tödlicheren Schlangenbissen sitzender Unzufriedener abfinden müssen, damit, in einer Phantomwelt mißgünstigen Gemurmels, geisterhaften Geflüsters und anonymer Artikulationen des skandalösesten Charakters zu sitzen, von Fluten bedrohlicher Postkarten ganz zu schweigen. Von dieser Güte:

»Schieben Sie mir ein Pfund rüber, oder ich sorge dafür, daß Sie den Herrn, der neben Ihnen sitzt, fragen, woher er das Geld für seine Eintrittskarte hat. Obacht! Versuchen Sie nicht, um Hilfe zu rufen. Gezeichnet Die Graue Spinne.«

»Leeren Sie alles, was Sie in Ihrer Handtasche haben, in meine rechte Jackentasche aus, und vergewissern Sie sich, daß niemand Sie dabei beobachtet! Andernfalls werden Sie den Abend damit verbringen, Fremde mit anzüglichen Scherzfragen zu überschütten, sogar während der Vorstellung. Denken Sie nicht zu schlecht von mir; wir müssen alle leben. Ich habe Frau und zehn Kinder. Ich tue dies, weil ich muß. Gezeichnet Das Glühwürmchen.«

»Zahlen Sie mir sofort 25 Shilling, oder ich bringe Sie ganz groß raus. Keine Mätzchen! Gezeichnet Der Falke Mit Der Kapuze.«

»Dies ist ein Überfall. Ziehen Sie sich den Ring vom Finger, und lassen Sie ihn in die Falte meiner Hose gleiten. Andernfalls werden Sie die Schauspieler im nächsten Akt durch Zwischenrufe stören, und denken Sie mal, was Hilton dazu sagen wird. Gezeichnet Der Mikado.«

Und dies ist nur das Vorgeplänkel. Was danach geschah, ist wieder eine andere Geschichte. Stellen Sie sich nur mal Lord Longford vor, wie er sagt: »Hat hier zufällig jemand einen Handball dabei? Ich fordere jeden zu einer kleinen Mondscheinpartie heraus, oben im Botanischen Garten, gegen den Giebel des Schwesternheims!«

(Hilton Edwards, Lord Longford und Michael Mac Liammoir sind die Gründer des Gate Theatre.)

»Stecken Sie fünf einzelne Banknoten in einen Umschlag, und kleben Sie den Umschlag mit Kaugummi unter Ihren Sessel, bevor Sie das Theater in der ersten Pause verlassen. Bleiben Sie mindestens zehn Minuten draußen. Und, wie gesagt, keine Mätzchen. Wenn Sie mich auflaufen lassen, können Sie was erleben. Gezeichnet Der Grüne Mikado.«

Die etwas verängstigte Dame, die mir dies mysteriöse Schreiben neulich im Abbey Theatre zeigte, fragte mich, was sie tun solle. Natürlich riet ich ihr, sie solle Mut fassen und sich nicht mit jenen üblen Stimmen gemein machen, die das Theater der Nation heimsuchen wie die Nissen von Pestüberträgern das Rückenfell einer Ratte. Ich versprach ihr den Beistand meiner echten Kulturbund-Begleiter, und zwar in wachsendem Umfang, bis das Bächlein zum reißenden Strom angeschwollen sei. So betrüblich und düster die Aussichten auch seien, versicherte ich ihr, so sicher würden unsere mächtigen und unerschöpflichen Quellen vereint, um dem gemeinsamen Ziel zu dienen. Dann rief ich mein Begleiter-As an. Seine Frau sagte, er sei ausgegangen, sie würde ihm aber eine Nachricht zukommen lassen. Ich wußte, daß er keine Frau hatte. Er erschien, als sich gerade der Vorhang hob.

Dramatischer Vorfall

Meine Bekannte hatte tapfer die Drohung ignoriert, und wir alle setzten uns mit einiger Beklommenheit für den zweiten Akt auf unsere Plätze. Wann genau würde der gefürchtete Mikado zuschlagen? Was meinte er damit, sie könne was erleben? Jeden Augenblick erwartete ich, von ihr irgendeine gräßliche Bemerkung zu hören, an der sie so unschuldig gewesen wäre wie ein ungeborenes Kind.

Der Schlag kam ganz plötzlich. Im Stück entstand eine längere Pause an einer Stelle, an der die Geschichte ein Stadium der Krise erreicht hatte. Eine Pause, aber keine Stille. Ein Schauspieler, der auf der linken Seite der Bühne stand, elektrisierte das Publikum, indem er sagte:

»Wissen Sie, ich frage mich schon den ganzen Abend, wer in drei Teufels Namen diese fette Kuh mit der Pelzjacke ist. Die zweite von links in der dritten Reihe!«

Wie vom Donner gerührt, wandte ich mich an meinen Begleiter.

»Alles in Ordnung«, flüsterte er. »Ihre Bekannte ist die fünfte von rechts. Der Zusatz kam von mir. Ich hatte das erwartet. In Leipzig ist das jetzt die übliche Methode.«

Unterdessen wurde dem unbekannten Opfer ins Freie geholfen, das Theater befand sich in Aufruhr, der Vorhang war gefallen, und der fuchsteufelswilde Ehemann stürzte bereits hinter die Bühne, um den Grund für all dies zu erfahren.

Grauenhafte Entwicklungen haben im Zusammenhang mit dem Begleiter-Skandal stattgefunden. Ein ganz bestimmtes Theater ist zum Tollhaus geworden, in dem »Stimmen« und rauhe Neckereien toben, obwohl die Direktion die törichte Regel aufgestellt hat: »Niemand, der wie ein Bauchredner aussieht, findet Einlaß.« Wenn man etwas sagt, wird keiner glauben, daß man es gesagt hat. Schon ein simples »Wieviel Uhr ist es?« ruft lediglich ein wissendes Lächeln und einen abschätzenden Blick in die Miene des nächststehenden unbeteiligten Zuschauers hervor; dies oder irgendeine ungewöhnliche Antwort wie »Matschgesicht!«, »Wer will das wissen?«, »Höchste Zeit, sich von einem Schurken wie Ihnen zu befreien!«.

Unterdessen unternehmen anständige Menschen Schritte, um ihre Interessen zu schützen. Neulich war ich in einem Stück und mußte wohl oder übel einen skandalösen Monolog mit anhören, der offenbar von meinem Nachbarn zur Rechten vorgetragen wurde, einem sehr respektabel aussehenden älteren Mann. Ich beobachtete ihn aus dem Augenwinkel und sah, wie seine Hand sich in eine Innentasche senkte. Suchte er seine Karte? War er Der Schwarze Drache, der im Begriff stand, mir eine gedruckte Drohung unter die Nase zu schieben? Ja, die kleine weiße Karte war in seiner Klaue! Eine Sekunde später wurde sie geschickt in mein Blickfeld gehalten. Stellen Sie sich mein Erstaunen vor, als ich sie las:

»Ich gebe Ihnen mein feierliches Ehrenwort, daß ich Staatsbeamter bin und daß die entsetzliche Sprache, die Sie von mir hören, von einer anderen Person ausgeht. Gez. Nur Ein Kleiner Beamter.«

Sehen Sie, worauf ich hinauswill? Er hatte Angst, es zu *sagen*. Denn wenn er es gesagt hätte, wäre auf seine Erklärung sofort eine derbe Beleidigung gefolgt, die meiner Frau gegolten hätte, welche neben mir saß.

Jeder mit seiner eigenen Karte

Später im Foyer erlebte ich ein weiteres Beispiel. Ich stand und rauchte, als ein kleiner Herr zu mir sagte: »Entschuldigen Sie, daß ich mich an einen Fremden wende, aber ich kann mich nur unter den größten Schwierigkeiten davon zurückhalten, Ihnen mit einer Ramme das Steak mit Fritten durcheinanderzubringen, das Sie vor der Vorstellung verputzt haben, Sie Geck!« Sogleich zog er eine Karte hervor und überreichte sie mir:

»So wahr mir Gott helfe, ich bin ein Kranführer aus Drogheda und habe den Schnabel nicht aufgemacht, seit ich hier bin. Husten Sie zweimal, wenn Sie mir glauben. Gez. Ned, Der Kranführer.«

Ich hustete und ging davon. Aus Spaß sagte ich zu einer Dame, die in der Nähe stand: »Hallo, Vettel! Wie geht's deinem Alten?« Ihre Antwort war das süße, geduldige Lächeln, wie es Leidensgenossen austauschen mögen, die gemeinsam nächtelang dem Hungertod widerstanden haben. Was für eine Welt!

Patentrezepte II

Unsterblichkeit

Folgendes lohnt einen Versuch. Holen Sie sich eine ziemlich romantisierte Fotografie Ihrer selbst, mit jeder Menge sichtbaren Haars und insgesamt ein klein wenig unscharf geraten. Färben Sie sie mit schwachem Tee gelb ein, und lassen Sie sie mit einem asketisch schmalen Rahmen versehen. Verstecken Sie das Ding unter der Jacke, und machen Sie sich auf den Weg ins Abbey Theatre. Machen Sie sich im Foyer mit dem Gesocks gemein, welches dort an Premierenabenden anzutreffen ist, sosehr Sie den Lärm ablehnen, der entsteht, wenn die Überbezahlten mit den Unterbeschäftigten über das Theater reden. Ignorieren Sie die hübschen Klumpen Frau, und konzentrieren Sie sich auf das Wesentliche. Loben Sie alles und jeden, aber seien Sie vorsichtig, wenn Sie einen weiland Abbey-Autor treffen, denn er ist dort, um sich eine Nacht mit dem Herunterputzen des gerade aktuellen Stückes um die Ohren zu schlagen. Machen Sie sich beliebt. Laden Sie Fremde zum Kaffee ein, und retten Sie Frauen vor dem Tode durch den Getränke-Exodus zur Halbzeit. Wenn Sie den Autor des Stückes sehen, der »Ihre ehrliche Meinung« hören will, geben Sie ihm Lüge um Lüge, bis seine Kiemen erblühen wie eine Ampel bei Rot.

Dann –

Nach dem letzten Vorhang verschaffen Sie sich Zutritt zu den Garderoben, und lassen Sie es weiter aus sich herausschwätzen wie aus einem verirrten Schaf. Wenn sich eine passende Gelegenheit ergibt, schleichen Sie hinauf in den Grünen Salon, und bringen Sie Ihr Bild an der Wand inmitten all der anderen an. Dann gehen Sie nach Hause, und ruhen Sie froh.

Eines schönen Tages wird im Grünen Salon eine Party stattfinden. »Und wer ist das?« wird ein Besucher sagen. Niemand wird zugeben, daß er es nicht weiß. »Das ist aber doch ganz Willie Fay«, wird jemand sagen. »Sie werden sich doch wohl noch an Seumas O'Kelly erinnern?« – »Das ist James Stephens als junger Mann.« – »Das ist Martyn.« Möglicherweise wird irgendein achtsamer Esel etwas über »diesen Rinderhälftenschieber, der sich immer einen Stock tiefer rumtreibt«, maulen; aber die Alleswisser werden ihn ignorieren und ihm eine zweite Tasse Tee verweigern.

Der ganze Witz an der Sache ist, daß niemand den Mut aufbringen wird, das Bild abzuhängen. Unsterblichkeit ist in Dublin leichter zu haben als ein Zimmer, das gleichzeitig erschwinglich, hell, sauber und frei von Käfern ist.

Neues für die lieben Kleinen

Leser werden sich an meinen Buchhandhabungs-Service erinnern, der es Anti-Intellektuellen ermöglicht, Besuchern den Eindruck zu vermitteln, sie könnten lesen. Ein spezieller Junioren-Service ist jetzt für den frühreifen Hemdenmatz erhältlich, der Klavierunterricht verabscheut. Dessen Bücher mit Tonleitern und *arpeggii* werden gegen ein geringes Anerkennungsentgelt gehandhabt, sorgfältig mit Karamelflecken, einfachen Schmutzflecken, Klecksen, Schokoladenmatsch, unbeholfenen Zeichnungen von viereckigen Männchen und tausend anderen kleinen Anzeichen für permanenten Gebrauch vollgeschmiert.

Warum wollen Sie Jungen nicht beibringen, wie man lügt und betrügt? Er wird sich ohnehin mit Menschen Ihres Schlages messen müssen, wenn er hinaustritt in die Welt.

News?

Hund beißt Mann. Okay, wir wissen, daß das keine Nachricht ist, kein guter Zeitungsmann würde versuchen, daraus eine Geschichte zu machen. Aber Mann beißt Hot Dog, ist das eine Nachricht? Wohlbekannter Hund in den Aufsichtsrat der Bank von Irland gewählt, ist das eine Nachricht? Im Gesicht rot angelaufener Wucherer kämpft mit Frettchen, wie ist es damit? Wenn übereifrige Zollbeamte in Dundalk darauf bestehen, das Gepäck vor Ihren eigenen Augen zu durchsuchen, ist das eine Nachricht? Wenn der übersprudelnd schwungvolle Myles na gCopaleen in Dublins todschickem Shelbourne Hotel die geistreiche Bemerkung macht, die Amerikaner und Japsen seien »Pazifisten«, ist das eine Nachricht? UNGEDOPTER JOCKEY REITET OHNE VORHERIGE ABSPRACHEN UNGEDOPTES PFERD UND GIBT SEIN BESTES, UM DEN SIEG ZU ERRINGEN! Würde Reporter-As Clark Gable für sowas die 1. Seite rausschmeißen und die Druckmaschinen anhalten?

Das Wort NEWS besteht aus den Anfangsbuchstaben von North, East, West und South –, Nachrichten aus allen Richtungen, verstehen Sie, AUFHÖREN!

Das einfache irische Volk: Womit denn?
Ich: Mit Nägelkauen.
Das einfache irische Volk: Entschuldigung!

Tabakverknappung

Ich bin froh, sagen zu können, daß ich in der Lage bin, etwas in Sachen Tabakverknappung zu unternehmen. Ich habe 48 Tüten Gebrauchtrauch zur sofortigen Verfügung. Einige Bekannte haben freundlicherweise für mich Rauch angespart, indem sie ihn in Tüten ausatmeten, die ich ihnen zu diesem Zweck gegeben hatte. Vierzig Tüten enthalten Virginia, fünf türkischen und die verbleibenden fünf eine spezielle »Cruiskeen Mixture«, die sich aus allen möglichen Tabaksorten und Gerüchen und Kneipenausdünstungen zusammensetzt.

Sie saugen wie in meiner Skizze an den Tüten und atmen in eine zusätzliche Tüte aus, welche ich liefere. Wenn diese voll ist, geben Sie sie mir zurück, und ich gebe Ihnen daraufhin einen Preisnachlaß beim Rückerwerb der Tüte. Ganz einfach, oder?

Winke für den Haushalt

Ich habe gerade entdeckt, daß ein zögerliches Feuer im Nu mit Grammophonplatten auf Touren gebracht werden kann. Eine Schallplatte ist so leicht entzündbar wie ein Eimer Benzin, obwohl sie für den Kraftfahrer keinen befriedigenden Ersatz darstellt.

Außerdem habe ich herausgefunden, daß die Werke von Walter Pater* mit ruhiger blauer Flamme brennen und einen feinen grauen Rückstand hinterlassen, der Zigarrenasche nicht unähnlich. Ein Buch von Seoirse Moore wird schwelen und dabei stechenden Rauch entwickeln: Hell glimmen wird es, wenn man einen Blasebalg verwendet, und es wird sogar in stumpfgelbe Flammen aufgehen, wenn man ein bißchen Proust oder ein bißchen von Miguel Botticellis Memoiren (Miguel war der Bruder) beimischt: Die Rückstände nehmen die Form grober Schlacke an.

Wenn Sie eine brüllende, weißglühende, problemlose Feuersbrunst wollen, bei der die federleichten Rückstände auch gleich noch mit durch den altmodischen irischen Kamin hochgepeitscht werden, probieren Sie's mit ein paar Meisterwerken der gälischen Literatur.

Ich meine die modernen, mit all den hübschen Idiomen.

Drumrumrednerei

Lassen Sie mich zu meinen Klischees zurückkehren. Es gibt gewisse Dinge, die gewisse Menschen einfach nicht geradeheraus sagen können. Sie bestehen auf einer gräßlichen Drumrumrednerei. Es ist schrecklich, es macht mich bleich vor Zorn. Hier sind ein paar Beispiele.

---

* Walter Horatio Pater (1839-94), englischer Schriftsteller. Von Hellenismus und Renaissance, Winckelmann und Goethe beeinflußt, pries er eine Kunst- und Lebensauffassung, die sich um den Kult der Schönheit und der Sinnenfreude rankte. Diese ästhetische Weltanschauung wurde die Grundlage für die englische Dichtung des ausgehenden 19. Jahrhunderts. (Ü. & Brockhaus)

Bedeutung:	*Sub-Geplapper:*
Immer	Ewig und drei Tage
Mein Fahrrad	Mein Drahtesel
Damen	Das schöne/schwache Geschlecht
Die Kartoffel	Die nahrhafte Knolle
Ein Leserbrief	Ein Erguß; ein literarischer Erguß
Tabak	Das legale Suchtgift
Essen und trinken	Sich stärken
So so la la	Eine Jahrhundertbegabung
Die Bevölkerung begibt sich für einen Tag aus der Stadt ans Meer	Ein Exodus

Das letzte Beispiel stammt eher aus dem Reich des Journalesischen, eines Ersatzes für Sprache, den Zeitungsleute erfunden haben.

Bitte, lassen Sie sich nicht von mir bei der Arbeit stören – ich kann auch später noch mal wiederkommen –, aber ich habe eine kleine Beschwerde, über die ich gern ein wenig winseln möchte. Ich verbringe jeden Tag zahllose Hirnstunden mit dem Versuch, Klischees aufzuspüren und aufzuzeichnen, und manchmal nehmen mich die damit verbundenen Schwierigkeiten doch arg mit. In der Nacht des 4. August (und das ist nicht heute oder gestern) saß ich, nachdem ich drei Stunden lang zehn Klischees zusammengetragen hatte, benommen herum. Müßig griff ich nach der Abendzeitung und warf einen Blick auf einen Leserbrief, der sich mit den Regionalwahlen befaßte. Dies las ich:

»Ich möchte beileibe nicht Partei ergreifen, aber es wäre mir lieb, wenn Männer gewählt würden, die nicht nur ihr Schäfchen ins trockene bringen wollen.«

In so einem Moment sieht das Leben leer und hoffnungslos aus. Das größte vorstellbare Hirnwunder verblaßt neben den beiläufig hingeworfenen Mirakeln des bescheidenen Leserbriefschreibers. Beileibe nicht. Schäfchen ins. Da bleibt einem doch –

Na, was bleibt einem?

Die Spucke weg.

Und wohinein bringt einen das?

Ins Grübeln.

Klischees Klischees Klischees

Wann ist man immer schlauer?

Hinterher.

Das einfache irische Volk: Wohinter ist man immer schlauer?

Ich: Ich habe nur Selbstgespräche geführt.

Das einfache irische Volk: Da wäre ich an Ihrer Stelle aber lieber mal vorsichtig, das ist bei einem jungen Menschen ein sehr schlechtes Zeichen, als nächstes schnauzen Sie auf der Straße wildfremde Leute an.

Ich: Danke.

Vermischtes

Brief

Sehr geehrter Herr, nur ein paar Zeilen, damit Sie wissen, wieviel Vergnügen mir Ihre Kolumne bereitet. Ihre verschiedenen lustigen Sticheleien, Seitenhiebe usw. bereiten mir und meinen Freunden viel Vergnügen. Ich selbst lese kein Irisch, aber ein Freund, der ein Irisch-Gelehrter ist, versichert mir, daß ich einiges verpasse. Wie Sie sich über verschiedene literarische Persönlichkeiten usw. lustig machen, das macht uns viel Vergnügen und kommt, wenn ich das so sagen darf, zur rechten Zeit. In der Hoffnung, daß Sie uns mit Ihrer Arbeit noch recht lange erhalten bleiben, schließe ich mit den besten Wünschen,

Ihr H. L.

Darüber reiben Sie jetzt etwas Muskat, und geben Sie es Ihrem Hund. Wie konnte ihm das nur unterlaufen, daß er den Klotz, der ein Irisch-Gelehrter ist, nicht als »Gälisch-Fan« bezeichnet hat? Ihre verschiedenen lustigen Sticheleien, Seitenhiebe usw. Meine verschiedenen lustigen Sticheleien, Seitenhiebe usw.

Das Gegenteil von Trinken

Sir Myles na gCopaleen (der Da) hat die Bediensteten, die beim Forschungsinstitut angestellt sind, angewiesen, sich an die Arbeit zu machen und etwas zu entwickeln, was er »das Gegenteil von Trinken« nennt. Zunächst wurde diese seltsame Formulierung dahingehend interpretiert, daß Würfel aus fester eßbarer Materie gemeint wären, die gleichwohl keine Nahrung zu sein hätten. Mehrere obskure Experimente wurden auf dieser Basis durchgeführt, bis man entdeckte, daß der Große Alte Mann die schädlichen Effekte des Alkohols auf die Volksgesundheit studiert hatte und nun dringend das Gegenteil dieser Flüssigkeit herstellen wollte, da er annahm, dessen Effekte müßten im selben Verhältnis günstig sein. Nun hat das Institut ein Getränk zur Serienreife entwickelt, von welchem man erwarten kann, daß es die menschliche Gesellschaft revolutioniert. Es ist eine rosa Flüssigkeit, und nach einem Glas fühlt man sich ziemlich flau. Ein zweites Glas, und man ist deprimiert. Ein drittes, und eine krankhafte Düsternis hat sich auf einen herabgesenkt. Ein viertes, und man versucht vergeblich, sich vom Barmann ein Rasiermesser zu leihen, damit man sich still in einer der hinteren Einzelsäuferkojen die Kehle öffnen kann. Ein fünftes, und man ist in einem Zustand, der keine Beschreibung mehr zuläßt.

Aber angenommen, man geht nach Hause und ins Bett – welch ein Unterschied am nächsten Morgen! Das ganze Haus hallt von den Opernarien wider, die man schmettert, Fenster werden aufgestoßen, auf Schultern wird geklopft, und die Freude darüber, daß man am Leben ist, rauscht in mächtigen Böen durch das Leben der ganzen aufgeschreckten Gemeinde. Die Menschen bleiben vor Neid und Erstaunen auf der Straße stehen. Den eigentümlichen Effekt, den die Flüssigkeit am nächsten Morgen hat, nennt man Retak.

Halten Sie je inne, um das Wesen der Zeit zu bedenken (wie der sarkastische Polizist zu dem Wirt sagte, den er dabei erwischt hatte, daß er um 22.40 Uhr eine Pint zapfte)? Sehen Sie es mal so. Nehmen wir an, das Leben eines Menschen währt 60 Jahre und das eines Pferdes 20. Das Pferd altert dreimal so schnell wie der Mensch. Dies Verhältnis wird in allen Lehrsätzen beibehalten, welche mit dem Zeitfaktor zu tun haben. Wenn wir von einem Pferd sprechen, das mit 30 Meilen pro Stunde galoppiert, meinen wir, daß es 30 Meilen im Lauf einer menschlichen Stunde zurücklegt. Um die Leistung des Tieres objektiv einzuschätzen, müssen wir in Pferdestunden denken. Es benötigt drei seiner eigenen Stunden, um diese dreißig Meilen zurückzulegen, und deshalb schafft es nur die vergleichsweise niedrige Geschwindigkeit von 10 Meilen die Stunde. Anderseits würde ein Mensch, der zehn Meilen die Stunde läuft (und damals, im Jahre '21, habe ich das selbst gemacht), von einem Elefanten als das flinkste der Geschöpfe betrachtet, lebt dieser doch zehnmal so lang wie der Mensch, weil die Stunde nur sechs Minuten der Zeit des Elefanten darstellen würde. Um Ihnen eine dunkle Ahnung dessen zu geben, was geschieht, wenn ein Mensch mit »dreißig« »Meilen« in der »Stunde« *zu Pferde* reist, müßte ich leider jemanden zum Merrion Square* schicken, um ein paar Quaternionen auszuleihen (die, glaube ich, wegen des Krieges ziem-

---

* Am Merrion Square war das Institute of Advanced Studies, wo der Physik-Nobelpreisträger Erwin Schrödinger seine mathematischen Forschungen betrieb. (Hg.)

lich rar geworden sind. Die Weisen, die neulich das Colloquium besuchten, waren sämtlich gewarnt, sie sollten ihre eigenen mitbringen, und mußten sich seitens der Zollbeamten einige sehr ignorante Kreuzverhöre gefallen lassen. Hyperkomplexe Systeme zu verzollen? Bah!).

Über Genie

Die Pint wird erhoben, gekonnt geschrägt und ein schwarzer Sturzbach hinunter und an den entzündeten Mandeln vorbei abgeschossen. Schnurrbart langsam mit rotgepunktetem Taschentuch betupft. Lehnt sich zurück. Schreckliches Starren aus seichten überwässerten Augen. Ein langsames, schweres Geklirre von Geplauder folgt: »Ein ... kluger Mann ... hat einmal gesagt ... Genie ist eine ... Krankheit ...« (Caesura: Das Publikum wird gebeten, nicht zwischen den einzelnen Sätzen des Werks zu applaudieren.) »*Und wissen Sie, was ich Ihnen sagen werde, ich habe in meinem Leben eine erstaunliche Anzahl von sehr, sehr gesunden Menschen erlebt.*« (An dieser Stelle ein trockenes ungeöltes Lachen.) »Ooo ja. Davon sind hier herum nur sehr, sehr wenige befallen. Hah ...?« (Beugt sich vor und klopft verkohlten Inhalt schmutziger Pfeife auf Knie des Zuhörers aus.) »... uuund, mein Lieber, das Beste kommt erst noch, derselbe Mann fährt fort, indem er sagt, Genie, sagt er, Genie, sagt er – hören Sie zu, bis Sie das hören, da werden Sie lachen –, Genie, sagt er, *ist bei Frauen viel seltener als bei Männern.*

Na, war der jetzt gut oder nicht? Das ist wie ... mal

sehen ... das ist wie ... wie wenn man sagt ..., nicht jeder Schneider kann ... einen Ballen Stoff auf dem Tisch ausrollen ... *uuund* daraus eine anständige Jagdhose machen ..., aber die Bäume, die Bäume oben hinter der zwölften Schleuse ... *die können gar keine Hosen schneidern!*«

Bei diesem Monolog erhebt sich wieder einmal jene tiefe und unentschiedene Frage: Sind Frauen Menschen?

Über den Künstler

Es scheint, als müßte ich meinen kleinen Krieg gegen einen ganz bestimmten Apostroph erneut führen. Vor einem bis zwei Sonnabenden hatten wir Mr Edward Sheehy in der *Irish Times,* und er schrieb über Harry Levins James-Joyce-Buch. Zweimal bezog er sich auf »Finnegan's Wake«. Wie oft habe ich klargemacht, daß das nicht geht? Der Titel des Buches lautet *Finnegans Wake*, und da kommt kein Apostroph drin vor.

»Die Natur der zeitgenössischen Situation«, sagt der Rezensent, »ist nicht klar, weder hier noch anderswo; hier noch weniger, würde ich sagen, als anderswo. Und jeder tyrannische Versuch, sie dadurch zu klären, daß man sie, in der Theorie, dazu zwingt, ein bestimmtes ideologisches Muster anzunehmen, macht sie noch unklarer. Wenn wir sie überhaupt klären sollen, müssen wir das tun, indem wir vom Künstler lernen, der ihre Widersprüche, Hirnverbranntheit, Unehrlichkeit und Sinnlosigkeit an sich selbst erlitten hat.«

Dies geht leider auch nicht. Stellen Sie sich irgend jemanden vor, der Mr Joyce liest, um die zeitgenössische Situation zu klären –, oder um irgendwas zu klären! Man sollte nicht vergessen, daß die großen künstlerischen Leistungen im Mittelalter von Menschen erbracht wurden, die sich selbst als anständige Arbeiter verstanden, die schlicht nicht wußten, wie man schludert. Am Sonntag zogen sie ihre besten Sachen an und gingen in die Kirche. Heutzutage ist Ihr »Künstler« ein neurotischer Schwachkopf; er hat die Stirn, in seiner eigenen Demenz das Muster eines universellen Chaos zu erkennen, und es ist kein Zufall, daß die meisten seiner Bücher schweinisch sind und verboten werden müssen. Hüten Sie sich vor »Kultur«, Leser; bei »Kunst« und »Künstlern« sehen Sie sich vor und nehmen sich in acht. Derlei war ganz prima, als es zum ersten Mal herauskam, da war es Teil von Gestalt und Gestaltung des Lebens, und niemand konnte sich ihm entziehen. Aber heutzutage dazu isoliert, ein schierer linkischer gesellschaftlicher Kult zu werden, eine Entschuldigung für alle Arten von schlechtem Benehmen, ein Vorwand für Preziosität und Schlimmeres –, dann sollten Sie wissen, daß Wörter wie »Kultur« und »Kunst« nicht mehr das bedeuten, was sie einst bedeuteten. Eine große Gefahr ist diese: Wenn wir zugeben, daß ein Künstler notwendigerweise neurotisch ist, werden viele neurotische arme Seelen daraus schließen, daß sie Künstler sein müssen. Und das ist keine Einstellung, zu welcher man ermutigen sollte, sosehr sie unser armes Land auch in den Hauptstrom der europäischen Kultur treiben lassen mag. Es kann gar nicht deutlich genug betont werden, daß eine echte ästhetische Wahrnehmung Teil der wesentlichen Menschheitsausstattung ist, und wenn man heutzutage ein seltsam behemdetes Bürschlein trifft, das unbeholfen über »Kunst« labert, sieht man sofort, daß er ein Mangelmensch ist, einer, der sich von der primitiven Norm entfernt hat. Der Instinkt für das, was angemessen ist und schön, ist sogar bei Tieren hoch entwickelt. Hühner zum Beispiel sind in den gestaltenden Künsten bewandert und können Kunstwerke hervorbringen, die nicht nur untadelig im Design und zart gefärbt sind, sondern auch eßbar. Die Biene stellt – wenngleich in einem Prozeß, der unnötig komplex erscheint – eine exquisite gelbe und nahrhafte Pampe her, tadellos verpackt und marktgerecht. Ich bemerke jedoch nicht, daß Huhn oder Biene, auf Grund der bloßen Beherrschung einer bestimmten Kunstform, die Behauptung aufstellen, sie seien berechtigt, die zeitgenössische Situation zu klären. Die Wahrheit ist natürlich, daß keine solche Klärung möglich ist, noch hat das Wort »zeitgenössisch« die geringste Bedeutung. Die wesentlichen Dinge des Lebens ändern sich nicht vom einen Jahrhundert zum nächsten, sie können das gar nicht, denn das Leben selbst bedeutet Fortpflanzung und Wiederholung; wer anderer Meinung ist, verwechselt das Leben selbst mit den flüchtigen Gefäßen, die es sehr flüchtig enthalten.

Menschen, die mich in meiner Unterkunft besuchen, um mich um Rat anzugehen, fragen mich oft, ob das Ire-Sein bereits als solches eine Kunstform sei. Ich bin nicht so sicher, daß die Antwort hier »Ja« lauten muß. Man fragt sich, ob der Zustand des Ire-Seins durch die drei Erfordernisse des James Aquinas Joyce charakterisiert wird –, *integritas, consonantia, claritas*. Diese Frage muß jeder von uns für sich selbst beantworten, nachdem er zuerst in sein eigenes Herz geschaut hat. Soviel Ärger bliebe uns erspart, wenn wir alle bejahend antworten könnten. »Paudrig Crohoore, R. H. A.«* wäre ein toller Ausweg; wenn jeder Bürger bei der Geburt bescheinigt bekäme, daß er Künstler ist, würde uns das allen viel Ärger und Peinlichkeit ersparen.

Vom Weihnachtsmann

Wieder nähert sich Weihnachten. Wie ist Ihre elterliche Einstellung zu der ganzen Weihnachtsmannkiste? In manchen Haushalten versichern leider bereits winzige Wikkelkinder einander zynisch: »Ef ifp nur Vati.« Ich habe vor vielen Jahren die einzige Methode erkannt, mit der man diese Einstellung wirksam bekämpfen kann. Das Kind ist furchtbar logisch und wird keine zwei wohlwollend bevormundenden Vaterfiguren dulden. Erzählen Sie Ihrem Kind von diesem anderen, von diesem Luftlande-Daddy, und der kleine Philosoph wird Sie unverzüglich der Lüge verdächtigen. Bei meinen eigenen Kindern habe ich die Sache ziemlich schön geregelt gekriegt. Ich habe ihnen beigebracht, daß es den Weihnachtsmann *gibt*, aber daß sie keinen Vater haben!

* Royal Hibernian Academy. (Hg.)

Von der Atombombe

Unser Thema ist weiterhin die Abomtombe – ich *meinte* die Atombombe, aber lassen Sie's so stehen; in solchen Dingen bin ich ein Neutron –, und die Leser werden zweifellos mit Befremden bemerkt haben, daß die Nachricht von der Erfindung die üblichen Spekulationen über ihre »friedliche« Nutzung hervorgerufen hat: Wie lautete die erste Möglichkeit, welche jeder Trottel in unzweideutiger Mißachtung der Regeln von Geschmack und Benehmen, wie sie hier so oft dargelegt wurden, erwähnte? *Eine ernsthafte Frage, ob die* Queen Mary *mit einer winzigen Menge von dem Zeug über den Ozean gefahren werden könnte.* Die Leser werden Mitgefühl mit mir haben, wenn sie sich erinnern, daß Verbesserungen in der Luftfahrt ausschließlich in bezug auf den Verzehr von Mahlzeiten gemessen werden. Die Konstruktion von Motoren, die 100 000 Pferdestärken entwickeln, ist als solche nicht erwähnenswert. Aber wenn diese Motoren, in ein Flugzeug eingebaut, es gewissen apokryphen Exzentrikern ermöglichen, in Dublin zu frühstücken und in New York zu Mittag zu essen, dann sind diese Motoren voll und ganz erregend und bewundernswert. Eine weitere Schule der Wunder-Umrechnung fußt auf einer indirekten Anwendung dieser Fütterungsnorm. Sie kompliziert den Vergleich, indem sie Zeitungen ins Spiel bringt.

Von technischen Neuerungen, die lediglich den Verzehr aufeinanderfolgender Futtergaben in verschiedenen Hemisphären ermöglichen, sind sie noch nicht restlos beeindruckt. Aber wenn man ihnen feierlich versichert, es sei durch neue Fortschritte im Flugwesen möglich geworden, daß eine Zeitung, die am Vorabend in New York gedruckt worden sei, *am nächsten Morgen in Dublin auf dem Frühstückstisch liege*, dann sind sie höchst erstaunt, dann raten sie ihren wohlhabenderen Freunden, alle Eisenbahn-Aktien abzustoßen, denn die Zukunft finde »in der Luft« statt. (Komisch, meinen Meine Gnaden, daß niemand den Aeroplan bewundert, weil er es den Menschen ermöglicht, in Dublin zu frühstücken und sich rechtzeitig zum Mittagessen lebendig rösten oder ersäufen zu lassen.)

Manche Menschen sind wegen dieser atomaren Erfindung sehr bedrückt. Alle Kommentatoren sind sich einig, daß es für diese gräßliche Entdeckung kein Heilmittel gibt. Aber Meine Exzellenz beeilen sich, die Menschheit zu beruhigen. Es *gibt* ein ganz simples Heilmittel. Man versende teure Einladungskarten, veranstalte eine riesenhafte naturwissenschaftliche Konferenz in der edelsten Stadt der Erde (Belfast?), Bankette, Vorlesungen, Debatten über die Freisetzung von Atomenergie, Dekorationsverleihungen an verdienstreiche Physiker, fromme Bekundungen, Naturwissenschaft sei die Magd der Menschheit, etc., etc. Man lasse jeden großen Naturwissenschaftler dort sein, lasse die Party vierzehn Tage dauern, sorge dafür, daß alle sich ochsig amüsieren. Dann, ganz still, ganz wirkungsvoll, erschieße man jeden einzelnen dieser Makaberlinge, wenn er auch nur ein Fitzelchen vom Atom versteht. Man verbrenne alle Papiere und Bücher zu dem Thema. Man kehre zu anständigen, schlichten Bombardements zurück, mit Bombenteppichen, Brandbomben und loderndem Öl.

Vom Genuß berauschender Getränke

Mir ist bewußt, daß sich einige meiner Leser ein Leben lang des Genusses berauschender Getränke enthalten, weil sie davon überzeugt sind, daß ich das Trinken mißbillige und sie infolgedessen nicht trinken können, ohne sich mein tiefes Mißfallen zuzuziehen. Dies entspricht nicht ganz den Tatsachen. Ich selbst bin durchaus dafür bekannt, daß ich trinke, für gewöhnlich in Maßen (das liegt bei Finsterwalde),* da ich der Ansicht bin, daß die Sättigung der inneren Organe mit giftigen Flüssigkeiten Gelegenheit zur Kultivierung von Pein, Ekel und Todesfurcht als unschätzbare spirituelle Therapie bietet. Auch halte ich das Trinken für löblich, weil es für den größten Witz verantwortlich ist, der je propagiert wurde, nämlich daß die Abstinenz vom Alkohol (mit welcher eiserne Gesundheit, klarer Blick, makellose Nerven und finanzielles Gedeihen einhergehen) eine Demütigung ist, eine Not, die nur von Mystikern ertragen werden kann –, ganz im Gegensatz zum übermäßigen Trinken (zu welchem der Verfall der Organe, zerrüttete Familien, Mord, Diebstahl, Lähmung und plötzlicher Tod gehören).

Trost und Rat

Zwei Dinge braucht man, merken wir uns, für ein Stelldichein, Rendezvous oder Date. Es ist nötig, (a) eine Zeit und (b) einen Ort anzugeben. Lassen Sie mich erläutern, was ich meine. Ich möchte jede Mehrdeutigkeit vermei-

* »... *usually in Muddereashion (near Swanlinbar)* ...« (Ü.)

den. Also angenommen, ich sage dem einen oder anderen Mädchen, daß ich mich mit ihm um 20:30 h treffen möchte, und mache damit eine Angabe über (a), aber nicht über (b). Was geschieht? Sie erscheint prompt genug beim, sagen wir mal, beim Haus in Hoey's Court, wo Dekan Swift geboren wurde. Aber unterdessen warte ich geduldig im »Bull Ring« in Wexford und inhaliere lustlos eine Lulle nach der anderen. Ergebnis: Wir verpassen einander, und mit der nächsten Post machen sich Briefe voller leidenschaftlicher Anschuldigungen auf den Weg.

Nun wollen wir uns davon abwenden und den umgekehrten Fall betrachten. Ich sage der Dame, sie soll mich vor dem Kino in Skerries treffen. Bemerken Sie bitte, daß wir in diesem Fall (a) ignorieren. Sie erscheint um 13:18 h, wartet eine Stunde und stolziert dann eingeschnappt davon. Ich jedoch (Connoisseur von Klischees, der ich bin) beehre den Laden mit dem Seltsamsten, was ich habe – meiner Anwesenheit –, und zwar um 16:53 h. Wieder hole ich das Päckchen mit den Lullen hervor und mache mich an deren langwierige Verbrennung. Menschen, die vorübergehen, sagen: Ich frage mich, auf wen dieser Mann wohl wartet. Dieser Mann steht nun schon seit einer Stunde hier. Dieser Mann führt etwas im Schilde; soviel ist schon mal sicher.

Sehen Sie, worauf ich hinauswill? Wieder ist die Verabredung nicht zustande gekommen, ganz einfach weil wir es unterlassen haben, uns sowohl um (a) als auch um (b) zu kümmern. Das nächste Mal, wenn Ihr Mädel nicht antanzt, fragen Sie sich, ob Sie der einfachen Regel gefolgt sind, die ich soeben umrissen habe.

Literarische Kritik

Von dem, was er beschreibt, benennt,
Versteh' ich fünf bis sechs %.
Der Rest ist heillos hingeraunt –;
Die Rede ist von Ezra £.

Eine Erinnerung an Keats

Natürlich gibt es kein Getränk, das sich mit einer Flasche Stout messen könnte. Stout ist *sui guinnessis*. Keats ließ sich einst ein Taxi kommen und fand es ekelerregend, daß die schönen Polster von irgendeinem früheren Nachtschwärmer, der mit diesem Taxi nach Hause gefahren war, mit verschütteter Milch ruiniert worden waren. Anstatt nun Tränen über die verschüttete Milch zu vergießen, sagte Keats zum Taxifahrer:

»Was ist das hier? Ein Kabri-au-lait?«

Blasphemie

Mir hat mal ein Mann gesagt, er hasse Blasphemie, aber aus rein rationalen Gründen. Wenn es keinen Gott gibt, sagte er, ist die Sache dumm und unnötig. Wenn es einen gibt, ist sie gefährlich.

Anatole France sagt es besser. Er berichtet, wie eines Morgens ein berüchtigter Agnostiker einen Bekannten besuchte, der frommer Katholik war. Der fromme Katholik war betrunken und begann entsetzliche Blasphemien auszustoßen. Bleich und schockiert stürzte der Agnostiker aus dem Haus. Später stellte ihn ein Dritter wegen dieses Vorfalls zur Rede.

»Seit Jahren sagen Sie, es gibt keinen Gott. Warum kriegen Sie dann so furchtbar Angst, wenn jemand diesen Gott beleidigt, der doch gar nicht existiert?«

»Ich sage nach wie vor, daß es keinen Gott gibt. Aber dieser Bursche glaubt, es gibt ihn. Angenommen, ein Blitz wäre vom Himmel gesandt worden, um ihn zu erschlagen. Woher sollte ich wissen, daß ich dabei nicht ebenfalls umkäme? Stand ich nicht neben ihm?«

Eine weitere Blasphemie, vielleicht: die Zielgenauigkeit des Allmächtigen in Frage zu stellen. Doch es stimmt, daß alle wahren Blasphemisten wahre Gläubige sein müssen.

Über Henry James

»Wie selten«, sagt Mr Sean O'Faolain in der *Irish Times*, »hört man, heutzutage, den Namen von Henry James.«

Stimmt wohl. (Obwohl, da, wo ich wohne, Mr O'F., sprechen wir Dienstag abends oft von ihm, wenn ein paar Freunde auf ein Gläschen Sherry und etwas trockenes Geplauder vorbeischauen.)

Aber mein Gedächtnis ist so schlecht wie nur irgendeins. Wie, genau, lautete der Name von Henry James? Er liegt mir auf der Zunge. Shanachy oder Shaughnessy oder so ähnlich, wenn ich mich nicht sehr irre. Willie James, den Bruder, den habe ich gut gekannt.

Noch einmal Keats

Keats wurde einmal auf der Straße von einem Bekannten angesprochen (wann wird man schon je zu Hause angesprochen?), ob er, Keats, ihm, dem Bekannten, einen Fünfer leihen könne? Keats bemerkte, daß dem Bekannten der gesamte Hosenboden fehlte, was aber merkwürdigerweise gar nicht übel aussah.

»Sie haben ganz schön den Arsch offen«, sagte er.

Plauderei

Geht Ihnen Proust eigentlich übermäßig nahe? Ich meine, rein gefühlsmäßig?

Nnnnein, eigentlich nicht. Seine Prosa hat diese ... funkelnde Textur ... ein bißchen wie das Gefühl, das einem die besten *émaux Limousins* vermitteln. Aber sonst, nnnein ... Seine Personen ... Dünn, wissen Sie ... langweilig, dumm.

Ja, aber Swann ...?

Na ja ... Wenn all seine Gänse Swanns wären ...

Durst

Stück in einem Akt

Dramatis Personae

Mr C. . . . . Wirt

Jem ⎫
Peter ⎭ . . . . Gäste

Der Sergeant

Der Vorhang hebt sich, und wir befinden uns im Innern einer Bar. Die Sperrstunde ist längst vorbei. Schwach scheint Licht von einer Straßenlaterne aufs Fenster. Die Bar ist – sehr schlecht – von zwei Kerzen erleuchtet, die auf dem Tresen stehen, die eine steckt in einer Flasche. Der Wirt, Mr C., von angemessen dicker und wohlhabender Erscheinung, stützt sich auf die Mitte des Tresens und spricht mit Peter, welcher, das Profil dem Publikum zugewandt, auf einem Hocker sitzt. Jem, von der Gemütslage her ein Gefolgsmann oder Trabant, befindet sich in einer finsteren Ecke des Schankraums, in der er kaum wahrzunehmen ist. Beide Gäste trinken Stout aus 0,6-Liter-Gläsern; der Wirt hat einen kleinen Whiskey vor sich stehen. Der Vorhang hebt sich inmitten eines Gesprächs zwischen Peter und Mr C.

MR C. *dramatisch* Und wissen Sie, warum? *Es entsteht eine Pause.* Wissen Sie, warum?

PETER Bei Gott, Mr Coulahan, da bin ich überfragt.

MR C. *laut, indem er eine Flasche ergreift und einschenkt* Weil er nichts taugt ... Deshalb ... Nicht das allergeringste! *Hat fertig eingeschenkt.* Und noch etwas ... *Dramatische Pause.*

Er stürzt sein Getränk in einem Zug herunter. Dreht sich nach hinten um, holt die Whiskeyflasche aus dem Regal und schenkt sich lärmend ein neues Glas ein. Im folgenden ist er damit beschäftigt, zwei weitere Stouts zu zapfen, um die Gläser der Gäste aufzufüllen. Peter raucht und hält nachdenklich den Kopf gesenkt. Jem verhält sich ruhig und macht nur Trinkgeräusche. Er zeigt sein Gesicht ganz kurz in der Finsternis, als er sich eine Zigarette anzündet.

MR C. Er hat einen Bruder aus der Grafschaft Galway, der jedes Jahr zur Pferdeschau hierherkommt, ein Knirps, den man nicht bemerken würde, wenn er einen im Treppenhaus überholt – und immer mit todschicken Reithosen. Letztes Jahr kreuzte er in der Kneipe von meinem Onkel in Drumcondra auf, komplett mit Füllfederhalter ... und Scheckbuch. Unseren gemeinsamen Freund hat er als Referenz angegeben. *Schweigt unheilverkündend.* Mein Gott, der unglückselige, dumme Onkel. *Lacht hohl.* Der arme, unglückselige, dumme Onkel. Um zwölf Pfund fünfzehn Shilling war er beschissen. Dreizehn Pfund könnte man fast sagen – dreizehn Pfund, die anzusammeln er einen guten Monat im Schweiße seines Angesichts verbracht hatte! Jetzt frage ich Sie um des lieben Gottes willen: Haben Sie so was schon mal gehört?

JEM *der einen starken Dubliner Akzent hat* Oh, so ein Scheckbuch! Ein Scheckbuch ist das einzig Wahre. So manches liebe Mal habe ich Gott um ein Scheckbuch gebeten!

PETER *verschmitzt* Natürlich ist das ganz ein anderer Verein als unsereins. Das ist viel Geld, wenn man darum geprellt wird, gar kein Zweifel. Manche Wirte sind eben dumm.

MR C. Ein anderer Verein als unsereins? Wenn Sie mich fragen: Ein anderer Verein ist gar kein Ausdruck. Die wechseln die Vereine, wie sie's brauchen. Hauptsache, ihr Geld kommt aus den Taschen anderer Leute! *Schlürft Whiskey.* Ich glaube sogar, die Frau unseres Freundes war in Schwierigkeiten, weil sie in Slatterys Laden geklaut hat.

PETER *überrascht* Stimmt das? Das ist mir neu.

MR C. Gewiß, Mann. Gewiß, gewiß.

JEM Bei Gott, die halbe Stadt schafft bei Tag und Nacht Ware aus diesem Laden; manche kommen schon mit dem Leiterwagen.

PETER *nachdenklich* Komisch, wie das manchmal in der Familie liegt. Es ist eine Art Vererbung. Es liegt wahrscheinlich im Blut.

JEM Genau, es liegt alles am Blut.

PETER Irgendwas Böses, Häßliches liegt bei dieser Bagage im Blut, obwohl jeder einzelne eine gute Bildung genossen hat. Die waren alle bei den Christlichen Brüdern, aber mindestens.

MR C. *dreht sich zur Flasche um und schenkt sich einen weiteren Whiskey ein.* Erzählen Sie mir doch nichts, Mann! Ich hätte die ganze Blase schon längst ins Mountjoy-Gefängnis gesteckt, und da säße sie immer noch, und da würden sie pro Stück sieben Jahre abbrummen, wegen Diebstahl und Überfall und Raub und jedem Verbrechen, das im Kalender steht. Und dann gibt es doch noch diesen einen Bruder, der sich nach Amerika abgesetzt hat, nachdem er während der Unruhen eine Bank überfallen hatte – alles im Namen Irlands. *Er geht zur Registrierkasse.*

JEM Weiß Gott, Mr Coulahan, den Banküberfall hatte ich glatt vergessen!

MR C. Wir lassen uns in diesem Land eben viel zuviel gefallen. *Seufzt.* Und es gibt da einen gewissen anderen Herrn, der hier sein Bier einzunehmen pflegt, den man ebenfalls hinter Schloß und Riegel bringen sollte, einen sehr ... sehr ... angesehenen ... Herrn ... *Er verstummt.* Was war das?

Lärm.

JEM He, was ist das denn?

PETER *beunruhigt* Was? Ich hab nichts gehört.

Coulahan geht ans Regal.

MR C. Pscht! Pscht! Um Gottes willen! Es ist die Polizei!

PETER und JEM Die Polizei! Die Polizei! Bei Gott! Wir sind ruiniert!

Peter und Jem ducken sich hinter den Tresen.

MR C. Pscht. *Er bläst eine der Kerzen aus, wodurch Jem völlig unsichtbar wird. Er schleicht auf Zehenspitzen ans Fenster und lauscht mit geneigtem Kopf. Dann flüstert er aufgeregt.* Pscht! Um Himmels willen. Ich glaube, der verdammte Sergeant ist auf der Pirsch.

JEM O Gott! Wir sind verratzt! *Er bläst die Kerze auf dem Tisch aus.*

MR C. und PETER Pscht!

Es klopft dreimal an die Tür.

SERGEANT *draußen* Hier spricht die Polizei! Hier spricht die Polizei! Bitte, machen Sie die Tür auf, Mr Coulahan.

PETER Wir werden uns einfach ganz ruhig verhalten.

MR C. *laut, in gewaltiger Erregung* Pschscht.

Totenstille. Peter beugt sich zu der noch brennenden Kerze und schirmt die Flamme mit den Händen ab, um das Licht zu verbergen. Mr C. ist vor lauter Lauschen fast völlig gebückt, macht weiter Pscht und wedelt mit der Hand, um noch vollkommenere Stille zu erzielen. Von draußen ist kein Laut zu hören. Dreißig Sekunden vergehen. Plötzlich springt Mr C. zur Kerze und bläst sie aus, so daß nur noch das Fenster sichtbar ist, welches von der Straßenlaterne erleuchtet wird. Fast gleichzeitig wird dreimal laut an die Tür geklopft.

Das Klopfen wird wiederholt, dringlicher diesmal. Die drei bleiben mucksmäuschenstill. Dann begibt sich Coulahan an den Tresen und trinkt dort sein Glas aus. Wieder wird geklopft. Dann wird leicht gegen die Tür getreten, und man hört, wie der Sergeant gedämpft etwas

*in seinem dicken Akzent ruft. Man hört, wie Mr C. heftig
seufzt.*

MR C. Das war's dann ja wohl, das war's dann ja wohl.
*Er tastet nach seinen Streichhölzern, findet sie und
zündet sorgfältig beide Kerzen an.* Ja, das war's dann
wohl.

*Es wird noch lauter geklopft. Mr C. kommt hinter dem
Tresen hervor. Geht dann zur Tür.*

MR C. Alles klar, Sergeant, ich komm ja schon. *Er öff-
net die Tür.* Einen guten Abend wünsch ich, Sergeant.
Und schön kalt ist er obendrein.
SERGEANT *zu unsichtbarem Polizisten* Danke, Wachtmei-
ster, ich brauche Sie vorläufig nicht mehr.

*Der Sergeant tritt ein. Coulahan schließt die Tür und
knipst das Licht an.*

SERGEANT Sie sagen es, wie es ist, Mr Coulahan, eine
kalte, rauhe Art von Nacht. Paßt gar nicht zur Jahreszeit für diese Jahreszeit. Ganz und gar nicht!
MR C. *kommt mit aufgesetzter, üppig zur Schau getra-
gener Munterkeit nach vorn und geht hinter seinen
Tresen zurück.* Na ja, beklagen können wir uns nicht;
bisher hatten wir doch einen leidlich milden Winter.
Nein, beklagen können wir uns nicht. Beklagen ...
können wir uns nicht.

Der Sergeant hat Notizbuch und Bleistift hervorgesucht.

SERGEANT Das Geschäft läuft auf den Namen der Gattin, wenn mich nicht alles täuscht, Mr Coulahan?

MR C. Ja, Sergeant, das Haus läuft auf den Namen der Gattin.

Pause.

PETER Sie wissen, wie ich heiße, nehme ich an, Sergeant?

SERGEANT Allerdings. Allerdings. Und wenn mich nicht alles täuscht und trügt, ist das dahinten ebenfalls ein alter Bekannter von mir.

JEM Stimmt genau, Sergeant. Wir sind einander schon so manches liebe Mal begegnet. Und das wird, so Gott will, noch oft geschehen.

SERGEANT Das wird es wohl, das wird es wohl. Wir werden uns wiedersehen, und das nicht zu knapp. Nicht zu knapp.

JEM Ich nehme an, Sergeant, es macht Ihnen nichts aus, wenn ich meine Flasche Stout austrinke? Wir wollen doch in diesen schweren Zeiten nichts umkommen lassen, oder?

SERGEANT *kehrt Jem mit großem Vorbedacht den Rücken.* Von dem, was Sie hinter meinem Rücken tun, will ich gar nichts wissen.

Alle wenden sich wieder ihren Gläsern zu, die sämtlich noch fast voll sind, wobei sich der Sergeant sehr abseits hält und mit dem Rücken zum Tresen steht. Er scheint völlig in sein Notizbuch vertieft zu sein.

PETER Jetzt ist Hopfen und Malz verloren, da kommt es sowieso nicht mehr drauf an.

MR C. *kläglich* Genau. Wir wissen alle nur zu gut, was für ein schweres Leben Sie in Ausübung Ihrer Pflicht führen, Sergeant.

PETER *geht zum Tresen.* Da haben Sie wahrhaftigen Gottes nur allzu recht, Mr Coulahan.

MR C. Stünden nicht mein Lebensunterhalt und Ihre Beförderung auf dem Spiel, dann würde ich Ihnen in diesen Räumen nach der Polizeistunde natürlich etwas zu trinken anbieten – was Sie wiederum ablehnen müßten … Sogar in einer unseligen Nacht wie dieser, da es nach Schneesturm aussieht und Ihnen in Ausübung Ihrer Pflicht leicht das Fleisch von den Knochen gepellt werden kann. Denken Sie mal darüber nach, meine Herren!

PETER Ein hartes Los; wohl wahr, Sergeant. *Er wendet sich dem Sergeant zu.*

MR C. Wenn ich dabei erwischt würde, daß ich nach Einbruch der Polizeistunde ein Getränk an Sie ausschenke, Sergeant, könnte man mich unter den schwersten Anschuldigungen vor den Richter bringen: Bestechung, Korruption und versuchte Beeinflussung von Polizeiangehörigen.

Jem begibt sich an die Bar.

JEM Davor möge Gott uns schützen, Mr Coulahan!

MR C. Was mit Ihnen geschehen würde, Sergeant, weiß ich leider gar nicht genau, da ich mit den Regeln, Vorschriften und Disziplinarmaßnahmen, welche die Richtschnur unserer Ordnungshüter – oder Garda Schikana, wie man sie heutzutage nennt – bilden, nicht eingehend genug vertraut bin. *Seufzt tief.* So haben wir beide unser Päckchen zu tragen, Sergeant, und das ist nur die Wahrheit. *Er dreht sich nach den Flaschen um, die hinter ihm steben.* Eine schöne, starke Kugel Malzwhiskey: Das ist es, was ich im Augenblick ganz heftig brauche ... nachdem man den ganzen Tag schier umgekommen ist vor Kälte. *Gießt sich ein.* Und kaum hat man den Tag überstanden, kaum senkt sich die Nacht: Schon läuft man Gefahr, das Gesetz, die Polizeistunde betreffend, zu brechen. *Seufzt tief und trinkt.*

JEM Nur zu wahr. Geradezu grimmig war die Kälte heute. Verzweifelt. Man mochte sich nicht nur einen Schal um den Hals, sondern auch um die Beine wünschen.

PETER Na ja, jetzt ist der Sommer nicht mehr fern.

MR C. Der Sommer? *Seufzt.* Erinnern Sie sich an letzten August, Sergeant?

SERGEANT Ja und nein, Mr Coulahan, ja und nein.

MR C. Es war ein großartiger Monat voll sommerlichen Wetters, Sergeant. Ich bin zweimal schwimmen gegangen. Das Wasser war wie Suppe. Und die Hitze der Steine konnte einem bei Gott die Füße unter dem Leib versengen.

JEM Ich war noch nie ein Freund des Wassers, Mr Coulahan. Hatte nie genug Zeit dafür. Außerdem ist es unnatürlich, sich dorthinein zu begeben. Bei Fischen ist es natürlich was anderes.

MR C. Dieser Monat August war so heiß, daß er ... daß er mich an den Ersten Krieg erinnert hat ... als ich unten in Messpott war!

JEM Heiligen Gottes, wo ist das?

MR C. Messiopotamien! Habt ihr denn noch nie von Messiopotamien gehört? Und dort war ich und habe gegen die Türken und die Araber gekämpft und für die kleinen Nationalitäten! Das ist ja das Merkwürdige, Sergeant: Dieser sommerliche Monat hat mich in den Ersten Weltkrieg zurückversetzt.

SERGEANT Diese beiden Weltkriege waren verzweifelte und schlimme Zusammenstöße.

PETER Da unten war es vermutlich sehr heiß, was?

MR C. Haben Sie »heiß« gesagt? Ich glaube nicht, daß es vorher oder nachher jemals wieder solche Hitze gegeben hat. Das war eine Klasse für sich, eine Klasse von Hitze, wie sie die Menschen in diesen Breiten gar nicht verstehen würden. Das ist nun schon vierzig Jahre und noch länger her, und ich kann sie immer noch spüren, die Sonne da unten im Shatt-el-Arab. Da sind wir nämlich gelandet.

Der Sergeant schenkt ihm keine Beachtung; Mr C. gießt sich still ein neues Glas ein und zapft drei Stouts. Das dritte stellt er auf den Tresen genau zwischen sich und den Sergeanten.

PETER Gab es viele Fälle von ... Sonnenstich?

MR C. Sonnenstich? Wir dachten, die Hitze auf dem Schiff sei schon schlimm genug – und das war sie ja auch –, bis wir landeten! Wir waren fast dreitausend! *Keucht.* Das erste, was ich spüre, als ich die Gangway hinuntergehe, ist ein Riesenstrom heißer Luft, der mir in die Nase jagt. Die Hitze knallte aus der Erde empor wie Rauch aus einem Motor. Die Luft war so dünn und so heiß, daß man gar nicht mehr merkte, wie man sie einatmete. Sie war ... gestreckt, falls ihr versteht, was ich meine. Verdünnt durch die Hitze, die aus dem Boden und aus dem Himmel und von allen Seiten auf die Luft eindrosch. Sie war getrocknet, da war überhaupt keine Feuchtigkeit mehr drin ... wie in einer verschrumpelten Erbse. *Pause.* Es war, als steckte man den Kopf in einen Backofen und atmete tief ein.

PETER Das würde mir aber gar nicht gefallen. So schlecht das Wetter in Irland ist –, besser als dort ist es allemal.

MR C. Ihr habt noch nicht mal die Hälfte gehört, nicht mal die Hälfte. Wir waren noch voll damit beschäftigt, nach Luft zu schnappen, da kam etwas Entsetzliches dazu! Es dauerte Stunden, bis die Burschen ausgeschifft waren, und wir standen die ganze Zeit auf dem Kai in Reih und Glied. Also ... ich war vom Stehen schon müde, falls ihr wißt, was ich meine ..., und ich wollte deshalb das Gewicht vom einen auf den anderen Fuß verlagern. Und was glaubt ihr, was jetzt kommt? Mein Fuß klebte fest. *Sie starren ihn ungläubig an.* Klebte am Boden fest.

JEM Oha. Da müssen Sie Spikes an den Sohlen gehabt haben.

MR C. Von wegen Spikes! Nein, wir hatten alle unsere Tropenstiefel mit Gummisohle an, und das ganze Gummi schmolz direkt unter uns.

JEM So was habe ich ja noch nie gehört. Noch nie.

MR C. Tausend Mann am Kai angetreten – und keiner konnte sich rühren. Mein Gott, das war grimmig! Grimmig!

JEM Haben Sie schon mal aus Versehen ein Stück Gummi
ins Feuer geworfen? Der Gestank könnte Ihnen bei
Gott die gesamte Nase zerstören.

MR C. Wir waren natürlich Soldaten. So was wie »Bitte,
Sir, ich klebe am Kai, Sir! Meine Schuhe schmelzen,
Sir, was soll ich tun, Sir?« kam da natürlich nicht in
Frage. Aber nein. Wir hatten nur weiter dazustehen
und auf den Marschbefehl zu warten. Ihr hättet uns sehen sollen, als der Befehl dann kam. Wißt ihr, wie das
war? Habt ihr jemals eine Fliege gesehen, eine Fliege,
die versucht, von ihrem Fliegenpapier herunterzuklet-
tern?

JEM Ich weiß, was Sie meinen ... aber genau! Sie summt
und sie brummt und zuckt und strampelt mit den Beinen ... Bis zum Hals im Klebekram.

MR C. Genau wie Fliegen auf Fliegenpapier. So standen
wir da.

JEM Sag ich ja.

MR C. Bis zu unseren Unterkünften war es nur ein Marsch
von zweihundert Metern, aber es war der dreckigste,
verschwitzteste, klebrigste und trockenste Marsch unseres Lebens. Jeder Mann schäumte vor Schweiß, die
Kleidung klebte ihm an der Haut, und die Zunge hing
ihm heraus wie einem Hund.

*An dieser Stelle nehmen Jem und Peter je einen hörbar
langen Zug von ihrem kühlen Getränk. Der Sergeant
macht sich voller Unbehagen an seinem Buch zu schaffen, als sei er entschlossen, sich von Mr C.s Vortrag nicht
im mindesten beeindrucken zu lassen.*

PETER Bei Gott, Sergeant, und meine eigene Zunge beginnt mir ebenfalls herauszuhängen wie einem Hund!

MR C. Nun, ich bitte den Sergeanten um Verzeihung und freundliche Nachsicht und werde mir eine Kugel Malzwhiskey genehmigen, denn nachdem ich an meine Tage als Soldat dort unten in Messpott gedacht habe, spüre ich ein dahin gehendes Bedürfnis, Gott stehe mir bei. *Er trinkt.*

SERGEANT *schwerfällig* Ich beende hier nur rasch meine Notizen ... und wenn meine Notizen beendet sind, werden wir alle gute Nacht sagen und in unsere Betten gehen müssen ... und Gott sei Dank haben wir Betten, in die wir gehen können.

JEM Nie haben Sie ein wahreres Wort gesprochen, Sergeant. Manchmal bin ich ebenfalls ...

SERGEANT Es könnten Morde und alle Arten von Gesetzwidrigkeiten hinter meinem Rücken vorgehen, aber was ich nicht sehe, weiß ich nicht ...

JEM Das ist eine Tatsache, Sergeant.

SERGEANT Das Gesetz ist eine sehr ... heikle Angelegenheit. Und niemand weiß das besser als ich.

MR C. Gesprochen wie ein Mann von Vernunft, Sergeant, und wir sind alle sehr dankbar dafür. Wir wissen, daß Sie nur Ihre Pflicht tun. Genau wie wir, als wir dort unten in Messiopotamien unseren Dienst versahen in der Uniform des Königs, bevor sie uns vor lauter Hitze vom Rücken gebrannt wurde.

PETER Ich kann mir vorstellen, daß es Ihnen nach dem Tag, an dem Sie mit Ihren Gummischuhen gelandet sind, oft ziemlich schlecht ergangen ist?

MR C. Schlecht ergangen? Haben Sie SCHLECHT ER-

GANGEN gesagt? Habe ich denn nicht ... *Stürzt ein weiteres Glas herunter.* Habe ich denn von der Wüste noch nichts erzählt?

JEM Das haben Sie nicht.

Pause.

MR C. Elendiglich schlimm war es für uns dort draußen in der Wüste. Niemand, der das überlebt hat, wird je die Erinnerung daran aus seinem Sinn verlieren – nicht mal, wenn er sich das Gehirn waschen ließe –, und das ist Tatsache!

JEM Und das Gehirn würde ich mir bei Gott nur höchst ungern waschen lassen! Es ist schon schlimm genug, wenn man sich ...

MR C. Da war eine Abteilung arabischer Wahnsinniger weit weg in der Wüste bei einer oder der anderen Oase gesichtet worden ... Und nun sammelten sie sich, um auszurücken und uns anzugreifen ...

PETER O Gott ...

MR C. Es waren vielleicht tausend Mann, und noch mehr davon kamen auf Kamelen, um zu ihnen zu stoßen.

PETER Kamele würden mich nervös machen.

MR C. Wir kriegen also den Befehl zum Abmarsch, um sie anzugreifen, bevor sie sich zur Schlachtordnung formieren können. *Schlürft von seinem Getränk.* Genau so war es. Ich werde es nie vergessen. Solang ich lebe. Nie!

Pause.

PETER Waren Sie weit draußen in der Wüste?

MR C. Ich würde sagen ... ich würde sagen ... etwa fünfundzwanzig Meilen ... vielleicht dreißig Meilen ... Luftlinie; so direkt gerechnet, wie die Krähe fliegt.

JEM Gibt es denn Krähen in der Wüste?

MR C. Um sechs Uhr morgens – null-sechs Uhr nannten wir das – bekamen wir den Befehl. *Mit Oberfeldwebelstimme* Fertigmachänn zum Abmarsch in zawo Stunden. *Normale Stimme* Also rin in die Gummischuhe und ran mit den Tornistern und den Gurten und den Feldflaschen und den verdammten Riesenflinten! Es war eine Last, die einen Mann bei allerbester Gesundheit umbringen konnte. Dann raus zur Parade. *Oberfeldwebelstimme* Ganze Abteilung Abmarsch, aber ein bißchen munter, wenn ich bitten darf! Links, rechts, links, rechts! *Normale Stimme* Hinaus, den Wilden entgegen: Ein stockender, strauchelnder Stoßtrupp stolpert durch den brennend heißen Sand. *Er trinkt.* Ein Gewaltmarsch von vierundzwanzig Stunden. *Stellt das Glas ab.* Aber wir wurden geschlagen ... Angezählt und ausgeknockt! Und das lag wieder an den Schuhen.

JEM Hab ich's nicht gesagt?

MR C. *trinkt erneut.* Dann fing das Gummi wieder an zu schmelzen ... und es stieß kleine Rauchwölkchen aus. Bald wurden die Füße geröstet wie Rindfleisch über einem offenen Feuer!

PETER Der Herr steh uns bei!

MR C. Sei du bloß still! Und jedesmal, wenn mir die Hitze wie ein Dolch in die Füße stach, sprang ich vor Schmerz in die Luft.

JEM Grundgütiger!

MR C. Aber wenn ich auf den Sand zurückkam, wurde ich vom Gewicht des Sprunges noch heftiger geröstet ... die Funken stoben nur so rum, links, rechts, drunter und drüber. *Trinkt erneut.* Und wißt ihr, was während dieser ganzen Zeit geschah?

JEM Ich vermute, die Burschen vom Feind lagen hinter den Bäumen auf der Lauer.

MR C. Welchen Bäumen denn?

JEM Müßten da unten nicht alle Sorten von Palmen stehen?

MR C. Na, ich werde euch sagen, was geschah. *Trinkt wieder.* Ich erkläre hiermit, und Gott ist mein Zeuge, daß die Sonne sich auf uns herniedersenkte: aus dem Himmel herab! Mit jeder Minute schien sie sich tiefer zu senken – tiefer – und noch tiefer – runter – runter – auf unsern Kopf. Die Hitze, meine Herren, die Hitze! *Stürzt eilig sein Getränk herunter.* Mir ist fast, als könnte ich sie immer noch spüren. Danach merkte ich, daß etwas Seltsames geschah.

JEM Wollt ich auch gerade sagen.

PETER Würdest du bitte den Mund halten und Mr Coulahan erzählen ...

MR C. Ich begann nämlich auszutrocknen!

PETER Auszutrocknen?

MR C. Jedes bißchen von mir fing an zu vertrocknen und zu verdorren. Das erste, was nicht mehr klappte, waren Zunge und Mund. Meine Zunge wurde trocken und bekam Risse. Und dann wurde sie ... größer!

JEM Die Wege des Herrn ...!

MR C. Sie schwoll an, bis sie mich fast erstickte, und wurde so hart und trocken wie ein großes, glühendes

Stück Schlacke. Mit dieser Zunge konnte ich nicht mehr schlucken! *Alle drei trinken hastig.* Das gesamte Innere meines Mundes wurde genauso trocken und rissig . . . Und Hals sowie sämtliche inwendigen Innereien folgten.

PETER Der Herr stehe zwischen uns und allem Unheil!

MR C. Es war wie auf dem Grill – nur ohne Sauce.

PETER Ich könnte mir vorstellen, daß die Augen ebenfalls in Mitleidenschaft gezogen wurden.

MR C. Sei du doch still! Die Augen . . . Die Augen wurden mählich an den Rändern versengt und verbrannt. Und darüber hinaus trocknete der wäßrige Teil in einer Weise aus, die man getrost als beängstigend bezeichnen kann. *Pause.* Bevor ich wußte, wie mir geschah . . . waren die Augenbrauen weg!

PETER Nein!

MR C. Von der Hitze ausgedörrt und abgeflämmt –: die Hölle als solche. *Stürzt ein weiteres Glas herunter.* Es war entsetzlich. Da waren wir, und wir stolperten durch die bösartige, bleierne, brühende Bums-Hitze. Die Haut fiel uns in Flocken und Spänen vom Gesicht. Unsere Leiber vertrockneten und verdorrten und wurden so runzlig wie . . . Backpflaumen! Und das Allerschlimmste: Aus dem Halse kam uns ein heißer, trockener Durst, wie die Stichflamme aus einem Hochofen. Die Lage, mein Gott, sie war verzweifelt. Ver. Zwei. Felt. *Trinkt wieder heftig.* Wißt ihr, was die Jungs zuallererst taten? Beinah jeder von den Jungs? *Pause.* Sie haben sich die Feldflaschen vom Leib gerissen – und in hohem Bogen weggeworfen. Und wißt ihr, warum? Wißt ihr, warum? *Pause.* Ich werde euch sagen, warum.

Die Feldflaschen waren aus Metall hergestellt. Aus irgendeiner Art von Anumillijum – Anumillijum, so dünn wie Papier. Als diese Sonne erst mal angefangen hatte, auf das Metall einzuwirken, brauche ich euch nicht mehr zu erzählen, was passierte. Zunächst erreichte das Wasser fast den Siedepunkt. Selbst wenn man die Flasche in der Hand hätte halten und öffnen können, hätte einem das Wasser nichts genützt – denn es hätte einem die Kehle verbrüht. Es gab nur eins, was man mit den Flaschen machen konnte: Man mußte sie loswerden! Egal, was passierte.

PETER War das nicht furchtbar? Flaschen voller Wasser wegzuwerfen? Mitten in der Wüste?

MR C. Genau. Aber was will man machen. Was will man machen?

JEM Sie hätten natürlich die Flaschen in einem tiefen Loch vergraben können und dann zurückkommen, wenn der Durst Sie packt. Dann wäre doch das Wasser kühl und angenehm geworden.

PETER Und was ist danach passiert?

MR C. Was danach passiert ist, ist nichts, worauf ich schwören möchte, denn ... die Hitze begann sich sehr nachteilig auszuwirken, und zwar ... hier oben ... *Klopft sich an die Stirn* ... im Oberstübchen.

PETER Kann ich mir vorstellen.

MR C. Im Gehirn gibt es nämlich jede Menge Feuchtigkeit und Blut. Das Hirn ist ein nasser Schwamm, und die eigenartigsten Sachen können passieren. Die eigenartigsten Sachen.

PETER Sie haben wahrscheinlich Glück gehabt, daß Sie überhaupt noch leben.

MR C. Die eigenartigsten Sachen. *Senkt die Stimme.* Was ich als erstes einbüßte, war ... mein Orientierungsvermögen! Ich wußte nicht mehr, ob dies – *klopft sich an die Stirn* – mein Kopf hier ist oder meine Hacken, oder ob ich stehe oder sitze, versteht ihr? Ich bin wie nicht recht gescheit durch die Gegend getaumelt.

PETER Da soll doch wirklich ...

MR C. Und genauso ging es den Kameraden. Sie marschierten und gingen und krochen übereinander und aufeinander herum: jeder Mann so trocken wie ein Ziegel, und die Zunge in seinem verdorrten Maul so angeschwollen, daß sie ihn halb erstickte. Und ... der ... Durst!!! Mein Gott, der Durst!!!!

Der Sergeant tritt an den Tresen, ergreift ein Glas nach dem anderen und leert es.

SERGEANT Eine Frage, meine Herren. Eine Frage: Stört es jemanden, wenn ich »The Rose of Tralee« singe?

Alle singen.

Nachwort

Flann O'Brien wurde am 5. Oktober 1911 in Strabane, in der nordirischen Grafschaft Tyrone, geboren, und starb am 1. April 1966 in Dublin.

An dieser Stelle sagen viele seiner Adoranten: Da hätten wir ihn doch ganz leicht noch kennenlernen können. – Wem wären wir begegnet, neben dem Mythos?

Seinem Freund und Biographen Anthony Cronin zufolge, sah der kleingewachsene Mann aus wie eine Mischung aus Pfarrer, babygesichtigem Chicago-Gangster, leicht bourgeoisem Whiskey-Trinker und Dubliner Gentleman-Literat. Ein breitkrempiger Hut und ein dunkler Gabardine-Mantel waren seine Markenzeichen, der Gürtel baumelte lässig geschlungen am Rücken.

Da war er bereits eine Größe in Dublins Kulturleben, ein habitué. Alles geklaut, sagt Cronin, denn R. M. Smyllie, O'Briens Förderer und zeitweiliger Herausgeber der *Irish Times*, ging in dem partout gleichen Outfit, nur mit noch größerer Krempe. –

Brian O'Nolan oder Brian Ó Nualláin, wie Flann O'Brien von Geburt hieß, glänzte als Student am University College in Dublin, war damals schon Hätschelkind der literarischen Avantgarde, im inner circle bereits bekannt als Verfasser irritierender Artikel und Herausgeber der Zeitschrift *Blather* (Gewäsch). Noch adoleszent, schrieb er seinen berühmtesten Roman, *At Swim-Two-Birds*, unglaublich genug, und noch knapp in seinen Zwanzigern hatte er seine dreimal wöchentlich erscheinende – später tägliche – Kolumne in der *Irish Times*. R. M. Smyllie war scheint's keine Wahl geblieben, als den notorischen, gleichwohl anonymen Leserbriefschreiber nach einer aberwitzigen literarischen Camouflage, in die Patrick Kavanagh als Kritiker und ein zeitgenössischer Bestsellerautor involviert waren, dazu einzuladen, wenn er nicht weitere Briefe hätte beantworten oder drucken wollen. Der Coup war ein einmaliger Erfolg.

Erscheinend unter dem nom de plume »Myles na nCopaleen« (Myles von den Pferdchen), avancierten O'Briens Auslassungen, oszillierend zwischen Weltpolitik und Nonsens, unmittelbar zum Gesprächsstoff in Dublin, heftig gezaust von Holzköpfen, gerne zitiert von Insidern, die sich mit dem Autor auf eine Stufe stellen wollten. Der Dubliner Literaten-Klüngel kopierte alsbald seinen Sprachgebrauch, es genügte, einen seiner geflügelten Begriffe zu verwenden, und man gehörte dazu.

Seine erste Kolumne erschien am 4. Oktober 1940 auf der Titelseite, und sie war charakteristischerweise eine Attacke auf einen Leitartikel aus der Vorwoche, auf irisch verfaßt (manchmal schrieb er sogar in Latein). – Im Juli 1951 kommentierte er dortselbst: »Nicht die geringste meiner Pflichten ist es, ein Auge auf den Herausgeber zu haben, zum Wohle unserer einfacheren Leser.«

Das war nicht nur ironisch und fürwitzig zu verstehen. Denn »The Plain People of Ireland«, das »einfache irische Volk«, war dem als überaus arrogant verschrienen Kolumnisten ein steter Gesprächspartner, ein virtueller, würden wir heute sagen; es ist der (bauern)schlaue Widerpart zum hochfliegenden Weltgeist, den Flann O'Brien verkörperte – und dem er neben journalistischem Kalkül verblüffend heftige Zärtlichkeit entgegenbrachte.

Myles, wie seine Freunde den Erfinder des multiplen Pseudonyms (er hat keine einzige Zeile unter seinem Taufnamen veröffentlicht) fortan nennen sollten, hatte von Anbeginn einen Duktus gefunden, der ihn unvergleichlich machte. Und er erlangte eine lokale Berühmtheit, die alles übertraf, was irischen Journalismus im 20. Jahrhundert bisher ausgezeichnet hatte.

Myles war stolz auf seine Kolumne, und wir nennen einen Schelm, der solches nicht gewesen wäre. Er schrieb am frühen Morgen, brachte das Manuskript in die Redaktion und trank den Rest des Tages. Er sei ein Alkoholiker durch und durch gewesen, berichtet Cronin, kein Fremder in den Marktkneipen, die morgens um 7 Uhr aufmachten, und viele der einschlägigen Typen hätten Eingang gefunden in die komischen Sottisen seiner Kolumne. Er war ein kompromißloser Trinker, übertraf darin Brendan Behan oder sogar Patrick Kavanagh, und das sollte was heißen.

Myles konsumierte kaum was anderes als Whiskey, und er hatte kein bißchen Interesse an ausgelassener Unterhaltung. Trinken und Monologisieren, was seine Auffassung von Konversation war, genügten ihm vollkommen, mehr brauchte er nicht. Seit 1935 obendrein Staatsbeamter im gehobenen Dienst, später gut besoldeter Pensionär, war er ein kleiner Bourgeois, immer in Schlips und Kragen, immer in Mantel und Hut; er war knickerig, aber er mochte jene nicht, die keinen ausgeben wollten oder konnten.

In allen Dingen das genaue Gegenteil eines Bohémien, liebte er angemessenen Service in old-fashioned pubs, war anständig verheiratet und bewohnte ein Eigenheim in der Vorstadt. Die Vorstellung von sexueller Promiskuität z. B. war ihm ungeheuerlich, vielleicht sogar der Gedanke an Sex überhaupt, mutmaßt Freund Cronin.

Charakteristisch sei ein Witz, den Myles einmal zum besten gab: Tadelt ein Mann seine Frau, sie solle gefälligst seine Schuhe putzen. – Antwortet sie: Das würde ich gerne tun, aber seit du sie im Bett anbehältst, habe ich keine Möglichkeit dazu. – Darüber mußte Myles selber so lachen, daß ihm die Tränen kamen. – Und gleich danach: »Viele Frauen wollten mich heiraten, weil sie dachten, ich würde sie in die Royal Hibernian Academy mitnehmen oder zu einer Premiere ins Abbey Theater. Wie ahnungslos sie waren. Das einzige Mal, daß ich zu einer Premiere im Abbey war, war die zu ›Faustus Kelly‹. Und das war ein Desaster.«

Flann O'Brien war in Dublin weltberühmt, aber sein Stück »Faustus Kelly«, uraufgeführt 1943, war nicht sein einziger Flop. Als *At-Swim-Two-Birds* erschien, 1939, sozusagen am Vorabend des Krieges, verglich Graham Greene den Roman in einer Rezension zwar mit Sternes *Tristram Shandy* und dem *Ulysses*; James Joyce, O'Briens bewunderter ewiger Konkurrent, schrieb einen enthusiastischen Brief; Brendan Behan bekannte sich als »neidisch«. Aber die Zeitläufte ließen das Werk rasch in der Versenkung verschwinden. Sein nicht minder großartiger Roman *The Third Policeman*, fertiggestellt wahrscheinlich in den frühen Vierzigern, erschien überhaupt erst nach seinem Tod 1966. Als Romanautor war ihm zu Lebzeiten kein Glück beschieden. Er veröffentlichte 1941 *An Béal Bocht*, 1961 *The Hard Life*, 1964 *The Dalkey Archive*, alles mit mäßigem, wenn nicht gar keinem Erfolg.

Ein Paradoxon aus heutiger Sicht, da Flann O'Brien in

der allerersten Liga seinen Platz behauptet. Damals wußten nicht einmal manche seiner Claqueure, daß er auch Romancier war, der *At Swim-Two-Birds* geschrieben hatte, der mit ästhetischen und formalen Traditionen gebrochen hatte, der die Postmoderne mitbegründete und der seinem geliebten, gehaßten Freund-Feind James »Jimmy« Joyce die Stirn bot. Die Rezeption ist in der Konsequenz zugunsten von Joyce zu lesen, aber die Leidenschaft der O'Brienisten läßt nichts zu wünschen übrig, der Streit darf sich fortsetzen.

Es war also Flann O'Briens Kolumne zu verdanken, daß er zum herausragenden Dubliner Intellektuellen avancierte, daß seine Anhänger ihn glühend verehrten und daß er zur lebenden Legende wurde. Er war Instanz, sein Wort war Gesetz, die ihm zugeschriebenen Attribute waren allesamt superlativ, kulminierend in dem Wort brillant.

Der messerscharfe Analytiker und spitzfindige Spötter wird beschrieben als streitsüchtig, intolerant, hochfahrend, pedantisch, apodiktisch. Der Publizist Niall Sheridan, sein Freund und Bewunderer, versteigt sich sogar zu einem erschreckenden »faschistoid«. Und doch steht am Ende fast jeder überlieferten Charakterisierung: »Er war wunderbar!«

Ganz gewiß war Flann O'Brien trotz aller Verehrung, die ihm entgegengebracht wurde, ein enttäuschter, einsamer Mann, der Dummheit verabscheute und den Schlampigkeit im Denken und in Wort und Schrift auf die Palme trieb, darin ein Geistesfreund von Karl Kraus. Daraus speist sich die Boshaftigkeit in seinem Werk, das läßt ihn die Parvenüs der Kulturschickeria geißeln, all die »Buchhandhaber« und »Begleiter«, die »Klischees«, die in diesem Bändchen versammelt sind.

Und doch war Flann O'Brien kein verbitterter Aphoristiker. Seine geflügelten Bosheiten, die sein Werk durchziehen, sind von subtiler, leichter, absurder, komischer, anarchistischer Natur. Liest man sein Stück »Durst«, erkennt man fast gerührt, daß ihm das Dubliner Kneipenleben, old fashioned oder frivol, zweierlei nicht abhanden kommen ließ: seine Zuneigung zum »einfachen irischen Volk« und seine nachsichtige Liebe zur Schlitzohrigkeit. Wir Leser dürfen lachen.

Anna Mikula

Quellenverzeichnis

Buchhandhabung · 4 Eselsohren 1 Penny · Aus der Welt der Bücher · Das Passende für jeden Geldbeutel · Bestellen Sie Ihr Exemplar schon jetzt · Le Traitement Superbe · Außerdem · Buchbehandlung · Unser neuer Service · Unser neuer Service (Erläuterung) · Das Geheimnis · Erklärung · Patentrezepte · Langweiler · Der Ärger mit den Begleitern · Es kommt noch schlimmer · Diese Begleiter · Außerdem · Dramatischer Vorfall · Jeder mit seiner eigenen Karte · Trost und Rat · Literarische Kritik · Eine Erinnerung an Keats · Plauderei. Aus: Trost und Rat. Die besten Kolumnen aus der *Irish Times*. Aus dem Englischen von Harry Rowohlt. © Kein & Aber, Zürich 2003.

Unsterblichkeit · Neues für die lieben Kleinen · News? · Tabakverknappung · Winke für den Haushalt · Klischees · Brief · Das Gegenteil von Trinken · Das Wesen der Zeit · Über Genie · Über den Künstler · Vom Weihnachtsmann · Von der Atombombe · Vom Genuß berauschender Getränke · Literarische Kritik · Über Henry James · Keats. Aus: Golden Hours. Die goldenen Stunden des Myles na gCopaleen. Aus dem Englischen von Harry Rowohlt. © Kein & Aber, Zürich 2004.

Blasphemie · Durst. Aus: Durst und andere dringende Dinge. Geschichten und Stücke. Aus dem Englischen von Harry Rowohlt. © Kein & Aber, Zürich 2002.

Schöne insel taschenbücher
für Liebhaber des boshaften Humors
zum Lesen und zum Verschenken
an saubere Freunde, gute Feinde
und andere falschen Fuffziger

Shaw für Boshafte
Ausgewählt von Thomas Kluge
it 3205. 126 Seiten

Schopenhauer für Boshafte
Ausgewählt von Norbert Wank
it 3226. 102 Seiten

Karl Kraus für Boshafte
Ausgewählt von Christine M. Kaiser
it 3240. 112 Seiten

Arno Schmidt für Boshafte
Ausgewählt von Bernd Rauschenbach
it 3241. 100 Seiten

James Joyce für Boshafte
Ausgewählt von Friedhelm Rathjen
it 3242.117 Seiten

Heine für Boshafte
Ausgewählt von Joseph A. Kruse
it 3273. 120 Seiten